School of Life with 12 Great Philosophers

# 世界の哲学者に学ぶ
# 人生の教室

Shiratori Haruhiko　Ki Kensei
白取春彦 著 冀剣制

Discover
ディスカヴァー

# 日本―台湾共同プロジェクト
# 『世界の哲学者に学ぶ 人生の教室』
# 出版に寄せて

現在、音楽や映像の分野では国境を越えてクリエイターが集い、共同で一つの作品を創り出すことが当たり前のように行われています。しかし出版の分野においては、そのような試みは世界を見渡しても、ほとんど見出すことができません。

ディスカヴァー・トゥエンティワンは、それぞれの国が自国内だけで出版を完結させるだけでなく、共同で創作・出版していくことが相互の、ひいては全世界的な理解と交流につながると考え、常にその機会を求めてきました。

そして2014年に中国の出版社との間で、日本と中国の作家が一つの小説を創り上げるというプロジェクトを発足させ、それは2017年に『エクステンションワールド』という本となって結実しました。

続いて取り組んだのが本書『世界の哲学者に学ぶ　人生の教室』のプロジェクトです。

この共同プロジェクトは、台湾の大手出版社である商週出版との間で行われました。日本側の著者は白取春彦、台湾側の著者は冀剣制です。

白取春彦はドイツで哲学を学び、平易ながら鋭い切り口の入門書を書いてきました。ニーチェの思想を生き生きと現代に蘇らせた『超訳ニーチェの言葉』はミリオンセラーとなり、勇気をくれる本として、十代から八十代までのさまざまな人々から支持されています。台湾でも商週出版から翻訳出版されてベストセラーとなりました。

一方、冀剣制はアメリカで哲学を学んだ大学教授です。小・中学生に向けての哲学教育に積極的に取り組む一方、哲学を若い世代に向けてわかりやすく伝える本が何冊もベストセラーになっています。

両氏とも、哲学を普通の人が生きるために役立つものにすることに取り組んできました。この二人が力を合わせれば、これまでに類のない、哲学を生き方に応用する本ができるはずです。

両氏と両社は新しい本の企画内容について何度も討論を重ね、最終的に十二名の哲学者の思想を主軸にすることにしました。まず二人の著者がそれぞれ執筆し、次に翻訳、そして編集作業で内容を調整するのですが、ここまでに二年の月日を要しました。またこの出版は実験的でもあったため、その二年間は最後にどういう作品に仕上がるのか予測すらできませんでした。

こうしていま、本書を日本と台湾で読者のみなさまにお披露目することができました。本書はあたかも命を宿した有機体のようです。ソクラテスからサルトルまでの二千年の人類の知恵が本書のＤＮＡであり、そこに二人の著者が養分を与え、異なる編集方法と文化的環境が互いに影響し合ったことで、本書の「成長」が唯一無二の様相を呈していることに、驚きと喜びを隠せません。

さらに特筆すべきは、二人の著者の表現のしかたがまったく異なるという点です。冀剣制は自らの人生経験を例に挙げ、哲学がいかにして人間の成長に役立つのかを語っており、その理性的な思考が読者に気づきをもたらします。

一方で白取春彦は、この世界で生き抜くには世間の常識的な枠組みから抜け出し、自分の価値観で生きることだと何度も強調しており、その感性に読者は引き込まれます。

そして二人の間で交わされる一問一答では、両者が激しく思想の火花を散らしています。


ソクラテスの名言に「吟味されない人生は生きるに値しない」というものがあります。私たちは人生の曲がり角にさしかかるたび、哲学者に出会い、その思想に感動し、導かれて、自分の人生を吟味する必要があるのではないでしょうか。

本書を手に取った読者のみなさまが、世界のどこにいようとも、自分らしい人生が送れるよう願っています。

台湾　商週出版編集室
日本　ディスカヴァー・トゥエンティワン編集部

# まえがき〈哲学がもたらす救い〉

白取春彦

「哲学とは何か」

「真理を追究する学問である」

昔はこのように問うと、このように答えるのがふつうのことでした。そういう答え方で、誰も疑問を持たなかったのです。たぶん、真理という確固《かっこ》としたものがどこか遠いところにあるはずだと夢想している人が少なくなかったのでしょう。

まだ十代だった私も「哲学は真理を追究する」みたいなことを聞いたり、しばしば本の中で読んだりしたものだから、すっかりそれを信じて、哲学なるものを齧《かじ》ってみました。

その結果、私は真理そのものを見出すことができませんでした。しかし、落胆はしませんでした。代わりに、哲学書に記されているものは私たちの生き方を助けるものだと気づいたからです。

もし私が過去のどれか一冊の哲学書の中に真理そのものを見出すことができたと確信していたなら、どうなっていたでしょうか。

すぐに想像がつきます。私は喜びに充たされていたでしょうか。いいえ、私はその哲学書を投げ捨て、今後いっさい哲学に魅了《みりょう》されることはなくなっていたでしょう。

その理由はとりたてて難しいものでありません。なぜならば、真理のあからさまな提示は私の生きる気力を削《そ》いでしまうからです。

私たちは、生きること自体が謎だからこそ、生きていけるのです。人生や人間とはこれこれこういうことでしかないとあらかじめ説明され、謎が一つもなかったのならば、私たちは生きる気力を失うのです。同じように、生涯賃金をあらかじめ手渡されてしまっていたら、私たちはこれからの数十年間にわたって働く意欲を失うことでしょう。

いつだって、未知が私たちをいざなうのです。世界も未知だし、私たち自身の体や生命、生き方も未知なのです。

その未知について、哲学が「これこそ真理である」と断定し、かつ保障していたなら、どうでしょう。この生について、完全無欠のマニュアル、あるいは取扱説明書が差し出されたのと同じことになってしまうのです。

そもそも生きることは、未知へとみずから踏み出していくことにほかなりません。

日々同じようなことをしているにすぎないと思っている人にしても、その人にとっての一日は新しい未知の一日であり、自分の生き方によっていかようにもなるのです。

そのことは、なぜ自分がここに肉体を持って存在しているのかを考えればわかります。たとえば生き方についてすでに確固とした客観的真理があって、どうすればベストな生き方ができるのかということがすでに明確に定まっているのだとしたら、私たち個々人がこの自分の肉体を使ってあらためて生きる必要などなくなってしまうでしょう。

だから、真理の所在や真理の有無にだけこだわるのはおかしいのです。自分や他人のことがわからないからといって、人間とは何であるのかという昔からの問いの答えを探し続けても意味がないのです。人間とは何であるのかというその問いに対して本当に有効なのは、実際に自分がどう生きてみせるかということだけです。

したがって、哲学の問いに学問がどのように答えたところで、それは学問の範囲内だけの話であって、各個人にとっては無益です。くり返しますが、本当の答えは学問の中にあるのではなく、現実に存在している私たちがまさにどう生きるかが答えになるからです。

では、どう生きるのか。どのように世界を見て、自分のために意味や価値を見出していくのか。そのときには、これまで各個人にとっては無益なものであったはずの哲学書がすこぶる有益なものに変化します。

というのも、哲学書に記されていることは先人が経験し、考え抜いてきたものだからです。哲学者たちも私たちと同じ人間であり、この人生を歩み、似たような体験をし、似たような苦しみや辛さを味わってきたのです。そして、「この世界はいったいどうなっているんだ？」という強い疑問を抱いて考え、ようやく自分なりの世界観や人生観に到達したのがそれぞれの哲学だからです。

若い人たちは今まさに人生を知り始めています。そして、どうしても自分には理解しづらい事柄、世間の冷たさや厳しさ、不思議さ、困難、迷いにとまどっていることでしょう。だからこそ、哲学を少しでも齧ってみることを勧めるのです。

きっと、どれか一つの哲学の考え方や見方が、問題の解決に向けた突破口《とっぱこう》になるでしょう。あるいはまた、勇気や希望を与えてくれるでしょう。それはきっと、自分にとっての救いになるはずなのです。

世界の哲学者に学ぶ 人生の教室

contents

## 第3章

# 生きるための方法を探れ

白取春彦



## 第4章

# 世界への見方を変えろ

白取春彦

# 第1章

# 真理を探す冒険に旅立て

# 自分を知ってよりよく生きる

## 私が知っているのは、自分が何も知らないということだけだ。

ソクラテス

Socrates

BC468頃-BC399

古代ギリシアの哲学者。自身では著作を残さず、弟子のプラトンによって思想が伝えられた。古代ギリシア最大の哲学者といわれる。

ソクラテスは、いまから二千年以上前に活躍したギリシアの哲学者で、西洋哲学の始まりを担った最も重要な人物です。

「西洋哲学の父」の称号は、より古い時代のタレスに譲りはしたものの、実質的な影響力からいえばソクラテスこそがその称号にふさわしいでしょう。そして弟子のプラトンがその学説を記録してくれたおかげで、ソクラテスの哲学は世に広まり、後世の人々に多大な影響を与えました。

ソクラテスの思想の中で、というより実際に、私が学んできた哲学の中で最も深く影響を受けた人生の知恵は「無知の知」、つまり「自分が無知であるという知識がある」というものです。

しかし、そのような知識を獲得するのは簡単ではありません。なぜなら、手軽に文字で受け継がれた知識とは異なり、それ自体は、私たちに直接何かを訴えてくることはなく、特に意味を見出せないことさえあります。

つまり、その知識を人生の視野を広げる知恵に転換できなければ、「無知の知」の価値はなくなり、聞こえのいい、ただの哲学用語でしかなくなります。

実は私も大学でこの言葉を学んだ時には、特別な感動はなく、むしろ謙虚すぎて傲慢《ごうまん》（明らかに知識があるのにわざと自分が無知だと言っている）とすら思っていました。ところがいつのまにか感化され、しだいにその神髄が理解できるようになりました。そしてその影響力はいまも衰えることはなく、私の成長を促し、新しい視野を広げてくれます。

## 「無知の知」とは、「自分が何も知らないことを知ること」ではない

ある日、街で知らない人に「あなたは自分が無知だと知っていますか？」と聞かれたとします。あなたならどう答えますか？

「はい！　私は自分がまったくの無知だと知ってます」と答えますか？　答えませんよね！　本当に自分が無知だと思っている人なんているでしょうか？　いくらなんでも小学校ぐらいは卒業しているでしょうから、多少の知識はあるはずです。それに勉学に励んだことがなくても年長者から多くのことを学んでいるでしょう。もし自分は無知だと答える人がいるなら、相当なへそ曲がりか、嘘つきです。

ソクラテスは「無知の知」と「自分を知ること」をひとくくりとし、自分を知っている人は自分が無知だと知っていると考えました。ということは、無知の自覚がない人は、自分のことも知らないということでしょうか？

ちょっと想像してみましょう。私たちがソクラテスに「あなたは自分の名前を知っていますか？」と聞いたら、「知らない」と答えるとは思えません。ゆえに「無知の知」を「自分が知っていることは何もない」と解釈するのは適当ではありません。

では私たちは「無知の知」をどう理解すればいいのでしょうか？

それには二つの解釈があります。第一に、「いかなる知識であろうと、それが必ず正しいと確認することはできない」というものです。

プラトンの著書『対話篇』には、ソクラテスが基礎的な知識について人々に問いかける場面がよく出てきます。

たとえば、正義の話題では「いわゆる正義とは何か？」と繰り返し問い、その知識の根源を深く探ろうとしています。

もし私たちがさまざまな知識について深く考えようとすれば、すべての知識の基礎となりえる不変の知識を見つけることがいかに難しいかに気づくでしょう。また、絶対に間違いのない知識はこれだ、と断言することも非常に難しいことを痛感します。

そういう認識が芽生えると、ある種の知恵が確実に形成され、いかなる理窟にも執着しない柔軟な考えを持てるようになります。しかし時には、原則がなくなってしまう可能性もあります。

西洋哲学をしっかり学べば、このような知恵なら大抵は獲得できるものです。というのも西洋哲学は、深く思考し疑問点を問い続けることによりあらゆる知識の不安定な基礎を見出すことを教える学問だからです。

しかし「無知の知」の解釈については、個人的には非常に優れた知恵だと思っている第二の解釈を強調したいと思います。すなわち、「自分の無知を見出すことこそが、本当に無知を自覚することだ」というものです。

もちろん、ここで言う「無知」は「何も知らない」という意味ではなく、「知らない事柄があることを自覚する」、つまり「ある分野については無知だと自覚する」という意味です。

## ある分野について自分には知らないことがあると自覚できれば「無知の知」が手に入る

「自分には知らない事柄があると自覚する」なんて、くだらない話だと思われるかもしれません。世の中には、自分は何でも知っていると思っている人など存在するはずもなく、誰もが自分には知らない事柄があると自覚しています。だからといって、世の中の人々が全員「無知の知」という知恵を持っているということになるでしょうか。

そうとは言えません。日常生活の中で「この分野について自分はよく知っているつもりだったけど、実はそうでもなかった」と思うことがよくあります。プラトンの著書『対話篇』を読むと、当時、名士といわれた人たちが好んで「正義」「善」「美」などの概念を論じていますが、彼らの中でそれらの概念に関して実は無知だということを自覚している人はいません。そしてソクラテスに問い詰められ、初めてその分野について自分は無知だったと気づくのです。

ここで読み解こうとしている「無知の知」は、私たちはある分野に関して実は無知なのに自分はそのことを知らない場合についてです。これはまさに「無知の知」が欠如した状態です。

しかし、**ある分野について自分には知らない事柄があるということを見出す能力を備えていれば、ここでいう「無知の知」を手に入れることができます。**そうなれば、「知っていると思っていたけど実は知らなかった」という状態をなんとか抜け出すことができ、それは非常に優れた知恵となります。

## 専門分野ほど自信が持てず、非専門分野ほど根拠なく自信が持てる

少し前、私はインターネット上で面白い書き込みを見つけました。これまで大勢の作家と仕事をしてきたベテラン編集者が書いた「作家の多くは自分の作品に自信が持てない。でも表紙のデザインについては自信満々だ」という一文です。

非常に興味深い内容です。私も初めて本を出版した時は、同じような心境でした。本の中身は自分の専門分野なのに、何か間違いがあったらと心配で自信が持てませんでした。ところが出版社の編集者に表紙のデザインをいくつか提案された時は、なぜか自信が湧いてきて、あれこれ言いたくなりました。

幸い、私はその分野の「無知の知」を備えており、表紙のデザインについては門外漢であると自覚していたので、「口を出さない」という選択をしました。

誰にでも表紙のデザインについての好き嫌いはあり、個人的な好みを伝えることはできますが、そのデザインが書籍の市場で力を発揮できるか否かを判断するのは、販売と広告

担当者の専門分野です。

私は、そういう知識がないことを自覚していたため、根拠のない自信はありましたが、私見を披露することは思いとどまり、出版社の判断に任せました。せいぜい出版社の専門家の参考になればと個人的な感想や好みを言うことはあっても、それに固執することはありませんでした。

ここでもう一つ考えるべき問題があります。なぜ私は自分の専門分野に自信が持てないのに、非専門分野では根拠のない自信が湧いてきたのでしょうか？

この現象を「気づき」という視点で見れば、疑問は簡単に解消します。普通、著者は自分が執筆した分野に精通しています。その分野の知識が豊富なだけでなく、まだまだ知らないことがたくさんあることも知っているので（実はこれは深い専門知識により、その分野でより高度な「無知の知」の境地に到達している状態）、自信が持てなくなるのです。

一方で、表紙のデザインについては生半可な知識しかなく、しかもそれに気づかない「無知の知の欠如した状態」になると、根拠のない自信が生まれやすくなります。また生半可な知識しかなく自分が知っていることしか見えていないと、自分はよく知っていると錯覚してしまうものです。

逆に、知っていることが多い人ほど、まだ知らないことがたくさんあるということも知っているため、どんどん自信がなくなってしまうのです。

私たちは自分が知らないことについて、知らないということにさえ気づかないことが多々あるので、同じような現象が起こりやすくなります。

## 思考力が足りない人ほど自分は思考力が高いと勘違いしがちだ

私たちがある分野について無知な場合、それを自覚するのは非常に困難です。自分が何かを知っていることに気づくのは簡単ですが、自分の知らない何かに気づくことは容易ではありません。

知らないということは、そこは何も見えない暗闇と同じなので、知らなくて当然なのです。もし暗闇に何があるか知りたければ、直接見ることはできないので、推理を働かせる必要があります。

しかしみずからを省みる力がなければ、自分の無知を発見することはできません。ゆえに、最も得難い「無知の知」は、思考力が足りない場合の「無知の知」なのです。

最近はインターネットの発達に伴い、「無知の知」の欠如した事例が数多く見受けられます。自分は思考力が足りないと自覚している人には、優れた自省の能力が備わっています。一方、思考力が足りない人ほど、自分は思考力が高いと勘違いしがちです。そしてそういう人ほど、インターネットで自説をまくしたてる傾向があります。

もし自らを省みる力があれば、誤った発言をすることに臆病になり、インターネットでの発言を控えるでしょう。また、思考力の高い人も無自覚な盲点があることを気にして、発言が慎重になります。

ところが、思考力の足りない人は、自分が間違えるはずなどないと思っているので、大胆な見解を述べ、時には他人を責めたりもします。

そうなるとインターネット上の書き込みは、思考力の足りない人の意見が主流となり、グループごとの意見の対立は激しくなる一方です。これは一考に値する、ゆゆしき社会問題の根源です。

## 自分の内面についても分かっているつもりで分かっていない

自分の無知を自覚することは非常に困難です。しかし他人を観察することで、「無知の知」が欠如している状況に気づくことはできます。

日常生活では、「教育の知識が不足している父兄がそのことに気づいていない」という現象がよく見られます。多くの父兄は、自分は教育を分かっていると思い込んでいるので、なんの迷いもなく、時には何かのノウハウや観念に基づいて子供を教育します。

しかし実際は、それらの父兄には教育方法に関して無知だという自覚がないばかりか、彼らが信じる何らかの観念にも問題がある場合があります。こういう「無知の知」の欠如は、自分の教育は子供のためになっているという自信につながるものですが、実は正反対なのです。

もし父兄が、自分は家庭教育の分野では知らないことが多いということに気づき、関連書籍を読んだり、専門家の意見を聞いたりすれば、うまくいくチャンスも広がります。

「無知の知」の欠如は、自己の内面に対しても当てはまります。人は自分自身のことをよく理解していると思っています。

しかし、**自分の発言や行動、さらには感情的な反応の数々について、なぜそうなったのか分かっているつもりでも、実は分かっていないことが多々あります。**

たとえば、正義を語る人は大勢いますが、実は正義の動機は個人的な利益のためです。もちろん正義を装っている人もいますが、ほとんどの人は自分の内面世界を理解できていないので、その動機が個人的な利益のためだとは夢にも思っていません。

私たちは、自分のことを分かっていないと自覚しない限り、新しい自分を発見するチャンスを得ることはできません。

そこで、誰かがそういう状態に陥っていることに気づいたときは、自分に置き換えて考えてみてください。「私も自分のことを理解していないことに気づいていないのでは?」と。実際、そうである可能性は非常に高いのです。ただし、それに気づくことができ、その方面の「無知の知」を手に入れることができれば、「自分を知る」道が開けます。

このように日常生活でよく見られる「無知の知」のほかに、知恵をレベルアップさせるのに大いに役立ちそうな「無知の知」がまだまだあります。

## 自分の考えは将来変わるかもしれないと考えれば、無用な衝突は避けられる

私は、いつも自分にはまだ知らないことがあるのではないかと自問しています。そうすれば人生において大事な決断を下すとき、思考の幅を広げて考えることができるようになります。

たとえば、過去に自分の主張を固持するあまり他人と衝突したとしても、何年か経ち経験と知識が増えれば、考え方が変わるというようなことはあるでしょうか？

私たちは人生の中で「しまった！　あの時、ああするべきじゃなかった！」と嘆息することがあります。そういう経験に基づき、いま自分の主張のせいで他人と衝突しそうになっているなら、時間が経てば考え方が変わるだろうかと想像してみてください。

私は、変わる可能性は非常に大きいと思っています。つまり知恵という眼光で、まだ知らない知識や経験を見据え、物事を考えるのです。「いまは頑なになっていても、将来、知識が増えれば考え方が変わるのだから、そう頑なになる必要はない！」のだと。こうい

うふうに、まだ備わっていない知識を予想することも、「無知の知」の一種といえます。

この考えによれば、「私たちの考えは将来的に変わるのだから、いまは何もする必要がないのでは?」という疑問が湧きます。もちろん答えは「ノー」です。いまそうする価値があり、明らかな問題も見当たらないなら、たとえ将来的に考え方が変わると予想できても、年を重ねてから後悔しないために、ぜひやってみるべきです。

この類の「無知の知」という知恵は、私たちに「何事にも自信を持ちすぎるのはよくない」ということを教えています。

「これは絶対に正しいから、たとえ犠牲が大きくても絶対にやるべきだ」とか、「このビジネスには、全財産をつぎ込んででも必ず投資するべきだ」という考えを持つのは危険です。

もし私たちに「無知の知」が備わっていれば、そのような考えを過度に肯定することはありません。リスクの高いことをやろうとするなら、まずはよく考え、専門家に意見を求めるなどして、しっかりと状況を把握してから行動に移すべきです。

こういう類の問題を考えると、自分が知らなかった自分をよく理解することができます。このような「無知の知」を追求することは、自分を知るための重要なステップになります。そしてそれは「無知の知」と「自分を知ること」をひとくくりとしたソクラテスの主張とも合致します。

## 「死は恐怖に値しない」という知識を持てば、恐怖を脇に置くことができる

「無知の知」という知恵は、実は私たちが心に抱える最大の恐怖、「死」への恐怖を軽減し、時には取り除いてくれることもあります。

仏教史をひも解くと、悟りを開いた高僧は、死を恐怖だと感じなくなると記載されています。

言い換えれば、悟りを開くということは、ある種の知識を手に入れるということです。もし私たちもその知識を手に入れれば、死を恐れることはなくなるでしょう。

しかし、いまはまだ手に入れていないので、死は依然として恐怖でしかなく、死を恐れ

ない人の心境も理解できません。

しかし「無知の知」を通して、まだ学んでいない（いまのところ無知の状態）知識があるのを知ることは可能です。そして、その知識が手に入れば、同時に死は恐れるべきものではないことに気づくでしょう。

つまり、感情的に死を恐れていても、理性的には恐怖を超越し、死は恐怖に値しないことを理解します。実は私たちは、単なる知識不足により死を恐れているにすぎないのです。

「死は恐怖に値しない」という知識を手に入れても、恐怖はすぐには消えませんが、少なくともそういう恐怖を脇に置き、美しい人生に目を向け、命の輝きを思う存分味わうことはできます。

いままさに恐怖や焦り、憂鬱などの感情の渦に巻き込まれ、あるいは極度の苦悩に陥っていたとしても、「無知の知」は有効です。具体的には、まず、「ある種の知識を備えた人は、感情の足かせから逃れることができるのか否か」と考えます。

そして「できる」と仮定すれば、少なくとも理性的に解決方法を探ることができるようになるだけではなく、さらには苦悩を軽視すべき優れた口実を見つけてマイナスの感情を解放することも可能です。そしてその過程において相応の知識を追い求めれば、今後、その感情に人生を邪魔されることはなくなるでしょう。

## 「無知の知」で視野が広がり、新しい自分と出会える

「無知の知」を獲得する前の私たちの知識は、視野の範囲と同じで、その視線は、私たちの知っている世界しか見ることができません。しかし「無知の知」が備わると、次のページの図のように視野は自分の有する知識を超越します。視野の外には暗闇が広がるばかりですが、「無知の知」は未知への探究心と学習意欲を助け、視野を頼りに超えることのできる難関を次々と越えさせてくれるでしょう。

ソクラテスの知恵を学んだら、次は日常生活でそれを応用し、「無知の知」ライフを始めてみましょう。しばらくすると、自分の知恵が増えたことに気づきます。そしてその不

「無知の知」によって視野が知識を超越する

思議な効用により、暮らしの中の苦悩は軽減し、人間関係においても他人との衝突が減って、人としての総合的な成長が促されます。

私たちは人生の中で、絶えず新しい「無知の知」を発見しています。それに伴い視野も絶えず拡大し、これまで手に入れたことのない「無知の知」を発見するたび、新しい知恵が増えてひとつ成長します。

それは人生に喜びがひとつ加わることでもあります。そういう学びのある生活の中に、調和と自由が生まれるのです。私はいまでも、私の知らない数多くの「無知の知」が私に発見されるのを待っていて、その探究は永遠に終わることがないと信じています。

この項を読み終えた読者のみなさんが、私の取り上げた「無知の知」とは別の「無知の知」を獲得することを願います。

**みなさんにとって、より大切な「無知の知」がまだまだたくさんあって、みなさんに発見されることを待っています。**その点を見据えて視野を広げることができれば、それもひとつの「無知の知」です。つまり自分の知らない「無知の知」がまだあるということを自覚する「無知の知」なのです。

　そうして視野が広がると、私たちは自分だけの「無知の知」を追い求めるようになり、新しい自分との出会いを追い求めずにはいられなくなります。それはまさに終わりのない旅の始まりです。

## もうひとりの著者からの質問〈白取春彦〉

学問はいつも仮説であるということを学者たちは彼らの常識として知っています。一方、ふつうの人たちは、確固として揺らがないものを求めています。たとえば、何かの事柄についての「絶対に正しい」観点です。

こういう状況にあって、学者たちは自分の専門を追求するかたわら、哲学の考え方を広く、しかもかなりわかりやすい言い回しで教えていく必要があるように思います。そうしなければ、ポピュリズム政治や快楽主義、金満主義が蔓延してしまうような気がしますが、いかがでしょうか。

## 回答〈冀剣制〉

まったくおっしゃる通りです。大学で哲学を教える者は、哲学を世に広める責任があります。しかしその仕事には常に困難がつきまとっています。「無知の知」がある程度備わっている人は自ら哲学を学ぼうとしますが、「無知の知」が欠如している人ほど、学ぼうとしません。こうして「哲学を学ぶ必要のある人ほど学ぼうとせず、哲学を学ぶ必要のない人ほど学びたがる」というおかしな現象が生まれます。

これを解決するには、小学校や中学校という早い段階で「無知の知」を養うことです。大学生や社会人のように自由に学び始めてからでは遅いと思っています。

# 理性を育て、欲望に勝つ

自分に打ち勝つことが、
最も偉大な勝利である。

プラトン

Platon
BC427-BC347

古代ギリシアの哲学者。ソクラテスの弟子にしてアリストテレスの師。プラトンの思想は西洋哲学の源流とされる。

プラトンはソクラテスの弟子であり、古代ギリシアの著名な哲学者です。『対話篇』という著作にソクラテスの対話を記録し、ソクラテスの言葉を借りて自身の哲学的思想を書き著しました。

『対話篇』は膨大な思想対話の大全集といえます。その内容は、ありとあらゆる事象を網羅しており、議論は種々さまざまな哲学的問題に及んでいます。そこで語られている観点の多くは、後世に絶大な影響を与えています。

それから二千年以上の時を経て、二十世紀の著名な哲学者アルフレッド・ノース・ホワイトヘッドに至っては、「西洋のすべての哲学はプラトン哲学への脚注にすぎない」とさえ主張しています。

もちろん、すべての哲学者がそういう認識だったわけではありませんが、これほどの称賛を得ているということは、プラトンの哲学には価値ある宝が隠されているということにほかなりません。

## 人は生きていくうえで、理性により感情をコントロールすべきだ

プラトン哲学の最大の特徴のひとつは、「理性」を最高の位置に押し上げている点です。人生において、人は理性に背く欲望に打ち勝たなければならず、理性を人生の水先案内人にしてこそ幸福な人生が送れると主張しました。

また国家についても、理性が最も重要な核心的原動力であるべきだとしています。つまり統治者・制度・法律は理性に基づいて思考し構築されるべきで、そうしてこそ利己主義や貪欲さがもたらす社会の混乱を抑制することができると説いています。

さらに理想の国家をつくるには、長期間の訓練を受けた完全に理性的な哲学者たる皇帝が統治しなければならないとも説いています。

人生の思考傾向を感情と理性に分類するなら、プラトンの思想は、いかなる場面でも理性を重んじています。人は生きていくうえで、理性により感情をコントロールするすべを学ぶべきだと主張しているのです。これこそが、プラトンの思想が「理性至上」だといわ

れる理由です。

プラトン以降の哲学史では、デカルトも理性を先天的な知識の源と位置づけました。またカントも、理性は人が行動する際の最も基本的な法則であり是非や正誤の判断基準となりうるとの認識でした。さらに現代の哲学者ロールズは、理性は、正義とは何かを私たちにはっきりと語っていると認識していました。このようにプラトン以来、理性を強調する伝統は、いまも人類の現在と未来の発展に影響を与え続けています。

## 人間は先天的に理性を備えている

「理性」というと立派なイメージですが、簡単に言えば、**論理を客観的に思考する本能**です。そういう能力は、人を私情の束縛から解放し、問題に直面したときに感情に左右されない答えを簡単に導き出すことに役立ちます。また、人間関係の問題を解決する際に私情を挟まないので、理性は無私の思考といえます。

たとえば、無人の山中に財布が落ちていたとします。人に見られている心配もないため、多くの人はまずネコババの欲望に駆られるでしょう。

しかしそういうときに理性が出てきてこう言います。「そんなことをしてはいけない」と。理由は人それぞれです。単純に道徳に反するからとか、落とした人がかわいそうだからとか、盗みで不当に利益を得るのは人としての成長を阻害するからとか……。

とにかく、理由はさまざまでも理性的に思考すれば、欲望に抗った答えを導き出すことができます。

私たちはそういった理性の働きに慣れていて、煩わしいと思うことさえありますが、よく考えれば人間が「理性」というものを持っていること自体が不思議です。

**それは道徳教育のたまものだと言う人もいますが、その見解は恐らく間違いで、理性の多くは先天的なものなのです。**

たとえば、理性の中の論理的な直観がそうです。人間の欲望は私心に通じますが、無私の声が内在しているのも確かです。事実、現代の心理学では、嬰児は教育を受ける前から正義の観念をある程度持ち合わせていることが分かっています。

人は多くの場合、理性に従わないばかりか無視することもありますが、理性の声が消え去ることはなく、このように私心を超越して思考する本能は、常に心の中に存在していま す。

ではなぜ人の心には、そんな奇跡的な能力が備わっているのでしょうか?「理性」とはいったいどういう存在なのでしょうか?

別の角度から見れば、理性というのは、さらに不思議な存在です。時には理性がまるで自我に目覚めたかのように、突然、意識の中に浮かんできて、私たちと対話をすることがあります。

誰しも、そういう対話を経験したことがあるでしょう。特に背徳行為に手を染めようとすると、「そんなことをしてはいけない」という心の声が聞こえてくるような気がします。その感覚が嫌で気にしないようにしていると、だんだん無視することがうまくなり、理性の声を意識の奥深くに隠してしまいます。

一方で、理性の声の束縛を受け、常に葛藤している人もいます。もちろん、理性の声に降参してあっさり服従する人もいるでしょう。

往々にして理性の声が聞こえてくるのは、恐らく好きなことにはまり込んでいるときで、心の中では「やめなければならない」という声が響いています。よく観察すれば、日常生活には、現状の改正を促す似たような声がしょっちゅう聞こえています。

そんなとき、その声を聞き入れ生活の大部分を理性に従って行動することにすれば、人は理性主導で生きているという状態になります。

プラトンは、そういう状態こそが最も理想的な人生の形だと考えていたのです。そういう形が最上なのか否かという議論はありますが、理性的な思考力を手に入れれば、その利点は私たちの想像をはるかに超えていることに気づくはずです。

## 理性と欲望との戦い、どちらが勝つのか？

人は何かに打ち込んでいると、行動と理性が一致し、充実感や喜びを得ることができます。しかし、空虚で何をすればいいか分からないときほど、理性の声を無視しがちです。心静かにじっくり考えれば、いま何をすべきかはっきりするはずですが、理性が私たちに要求する内容は、いつもやりたくないことばかりなので、つい耳をふさいでしまいます。

生活の中では、常に理性に反する別の力が作用しています。プラトンはそれを「欲望」と称しています。欲望とは、特に生理的な享楽と密接に関係する人間の欲求です。たとえば、食べる・飲む・遊ぶ・楽しむは、すべて欲望に属します。おいしそうなものを見れば、味わってみたくなり、困難に遭遇すれば面倒になって逃げ出したくなります。

**欲望は、そういう直接的な感情の影響を受けるばかりか、金銭のように間接的に感情に影響する場合もあります。それゆえ金銭をむさぼることや権力への憧れもすべて欲望の力であり、人生に影響を及ぼします。**

もちろん、欲望と理性が常に衝突するわけではありません。たとえば、私たちは食べ放題のレストランに行ったとき、最初のうちは体に悪い食べ物でなければ理性的に欲望を満たしています。

つまりこのときは、理性と欲望は衝突していません。しかし、食べているうちに満腹感を覚え、理性が「食べるのをやめるべきだ」と私たちに訴えますが、卑しい口は欲望を満たそうと食べ続けます。すると心の中で衝突が始まります。

もうひとつ例を挙げてみましょう。ある会社の主任が、仕入先のメーカーを決定する権利を持っているとします。もし選択肢の中に、親友がいたり、贈り物をもらったことのある人がいたりしたら、たとえ理想の仕入先ではなくても、心にある種の力が働き、私情を絡めた選択をしてしまいます。

しかし、そのような欲望を捨て、理性という客観的かつ論理的に思考する能力を用いて考えれば、最適な方法が分かるはずですが、そのときに理性と欲望の争いが始まります。古来、この両者は人の心の中でずっと戦い続けているわけですが、戦況はどうでしょう？

## 普通だったら、理性は欲望にはかなわない

生活上のさまざまな選択シーンを振り返ると、欲望の強大な影響力を実感します。特に禁煙や禁酒など、何かをやめられなかった経験のある人は、欲望の力には抗いようがないことに気づいているはずです。

頭ではやめるべきだと分かっていても、知らないうちに、はまり込んでしまうのです。それゆえプラトンも、欲望は人生における最大の力だとして、人は多くの場合、欲望に文

配され、欲望に従って生活していると認めていました。

たとえ理性が反対方向に進むべきだと訴えかけてきても欲望のまま前進するため、ほとんどの人が欲望に支配された深淵にはまり込むことを余儀なくされ、そこから抜け出せなくなるのだと、プラトンは考えました。

あなたが理性の要求に応えられないことに気づいたとしても、悲観することはありません。あの偉大な哲学者プラトンでさえ、同様の苦しみを経験していたのです。逆に言えば、もしたまたま欲望を振り払い理性に従うことができたなら、大いに喜ぶべき出来事だということです。

**そういう視点で見ると、実は人間は理性的な動物ではなく、感情の赴くままに生きる欲望の動物なので、理性の力を立派に磨き上げないと、欲望には太刀打ちできません。**

そして理性を鍛え上げること自体が、欲望に対抗する行為のひとつなので、その過程は当然苦難に満ちていて、失敗する確率も非常に高くなります。

しかし、人生は失敗したままで終わるわけではありません。理性が主導する人生を送るチャンスはまだまだあります。なぜなら、人の心の中には、欲望と理性という力のほかに、また別の強大な力が存在しているからです。

## 「気概」という強大な力が理性に結合すれば欲望に対抗できる

プラトンは人間の魂は、三つの性質に分かれると主張しています。理性と欲望、そして理性と欲望のどちらかを選んで結合する強大な力「気概」です。

プラトンの言う「魂」は、実は人の精神のことです。人の精神は「イデア界」と呼ばれる完全な真実の世界から来て、人が死ぬと再びイデア界に戻っていく。ゆえに精神とは魂のことであると考えていました。

科学を重んじる現代社会においては、精神が人体を離れて独立して存在しうる魂だと信じる人は多くありません。

正直なところ私はこの科学的見解に大きな疑問を抱いており、精神の存在の可能性を支持しうる理由があると考えています。確かに、この見解は大いに議論を呼ぶでしょう。

しかし精神の存在を否定する人がいても問題ありません。ただプラトンが言うところの

「魂」を精神と解釈するだけで結構です。

では、気概とは何なのか例を挙げてみましょう。人は、欲望に操られたくないと思ったとき、頑張って自分を変えようとします。そうしてうまくいかないと、怒りさえ湧いてきます。

しかしこの怒りがひとたび理性と結合すると、とてつもなく強大な力が生まれます。そしてその力によって自分を操っていた欲望を吹き飛ばし、理性が主導する人生へと転換しようとします。その力こそがプラトンの考える「気概の魂」なのです。

**「怒り」「意志」「勇気」はすべて気概の魂に属し、大きな原動力を生み出します。しかしその力は通常、単独では存在せず、理性と欲望のどちらかを選んで結合します。**

たとえば、精神が欲望に操られっぱなしであったり、恐怖感が克服できずに失敗ばかりしていたりする場合、もしそこで理性と気概が結合すると、怒りと勇気の力に支えられ、一気に問題が解決して理性主導の人生を送ることができます。

そうはいっても、気概が常に理性と結合するとは限りません。たとえば、人は、他人の

「気概」と「理性」を結合させ、「欲望」に対抗する

説教に腹が立ったり煩わしいと思ったりしたときでも、理性では相手の言っていることが正しいと分かっているものです。

しかし気概が欲望に偏っていると、説教に耳を貸さず勝手なふるまいをやめません。そういう状況では、いくら説教しても逆効果です。ですからうまく説教ができない人は、無理に他人を説教しようと思わないことです。さもないと、どんどん事態が悪化します。

そこで大事なのは、自分が説教のできない人間であることを自覚することです。つまり「無知の知」であればいいのですが、それは簡単なことではありません。

その他にも、私たちは他人に嫉妬《しっと》したり、他人のよさを疎んじたり、あるいは他人を誤解して腹を立てたりします。そういうときは、およそ気概の魂が欲望の魂と結合しているため、精神が落ち込み幸せな人生からかけ離れてしまいます。

そういうマイナスの状況を防ぐには、気概の魂に属する意志を養い、欲望が人に及ぼす影響力を克服する必要があると考えがちですが、決してそうではありません。

欲望に対抗するために養わなければならないのは、クリアでねじ曲がっていない理性的な思考能力です。さらに理性に気概を操らせて、両方の力によって欲望に対抗するのです。

これができるようになると、欲望の魂は人生の制御権を失い、私たちは自由自在に生きることができます。

## 欲望に負けた罪悪感を取り除くことが理性の力を養うことになる

理性的な思考が欲望に左右されず独立性を保っていると、目覚ましが鳴った瞬間、どんなに眠くても思考がねじ曲げられることはありません。ゆえに「起きなければならない」という理性的な思考を保ち続けることができます。

そのような理性的な思考力というのは非常に微弱で、眠りたいという欲望に抵抗するのは難しいことですが、欲望に負けないという思いがあれば、気概が諦めずに抵抗を続けてくれるはずです。

そういうせめぎ合いの中で気概がよみがえれば、欲望に打ち勝つことができ、さらには理性によるコントロールを成功させることができます。

理性の力を養うことは、実は難しくありません。論理を客観的に構築する訓練をする以外で最も重要なことは、まず理性に従わなかった罪悪感という心の障壁を取り除くことです。

理性の声を無視すればおのずと罪悪感が生じ、特に道徳観念の強い人ほど心の障壁は大きくなります。また、人は欲望に打ち勝てないと、その罪悪感を抑えるために思考をねじ曲げ、自由になろうとします。

しかしそれは何の役にも立ちません。そういった自由は表面的でしかなく、心の奥の不安が消えるわけではないからです。目を閉じれば、まだ不安が存在していることに気づきます。

**ですから、理性の独立性を鍛えるには、日常生活の中で言い訳を探さないことです。欲望にまかせて楽しみたいと思っている自分を受け入れることも必要なのです。**

感情に左右されず理性的に思考する力が備わると、面白い現象に気づくはずです。理性的な思考は、欲望に支配された思考から完全に切り離され、脳内で別々の思考回路が形成されるのです。

さらに両者は、ある程度までなら矛盾しながら共存することも可能です。その共存期間に、魂が習慣的に理性と結合するようになれば、人は理性主導の人生を送ることができるようになります。

理性が主導してこそよい人生を手に入れられるという人生観は、プラトンの「魂の三分説」から派生した人生の知恵といえるでしょう。

## 独立した理性の力を養い、感情の嵐をくぐり抜ける

そういう人生の知恵は、日常生活にとても役立ちます。その知恵さえあれば、私たちはどんなに混乱した状況下に置かれようと、冷静な思考を保つことができるからです。

たとえば、非常に腹立たしい事態に遭遇し、仕返しをしたい、ひいては相手をめちゃくちゃにしてやりたいという考えが浮かんだとします。あるいは、金銭や色恋をめぐり大きな誘惑にそそられ気もそぞろになると、私たちは誤った判断をしがちです。

こういう危険な選択をしようとしたときに、冷静な思考が働けば、一時的に精神の混乱から脱却するチャンスを得られます。そうなれば、よりよい方向を見つけて危険を回避することも可能です。

この知恵は、特に多くの感情に縛られている人にとって有益です。憂鬱・焦り・恐怖にさらされているとき、どんなにその感情が猛威を振るっても、理性の力がどれだけ弱々しくても、その知恵を持ち続けていれば、欲望の魂が生み出すねじ曲がった観念に心を占領されることはありません。

理性が心の中の深い闇で一点の小さな光を灯してくれるからです。その一点の光さえあれば、人は自然とそれに向かって歩き、やがて光に照らされます。すると、これまで感じていた憂鬱・焦り・恐怖は、自分が思っていたものとは異なり、実は過度に拡大され、ねじ曲げられた思考だったことに気づきます。すると心の中の霧が晴れ、混乱した感情は平静を取り戻すことでしょう。

**私たちは、感情に左右されない理性の魂さえ持ち続けていれば、精神を暗闇から遠く離れた所に導くチャンスを得ることができます。**

## 欲望を否定しすぎると人生がつまらなくなる

理性に主導された人生は、ロボットが生活しているようで面白みに欠けると思う人もいるでしょう。しかし実際はそうではありません。理性的な人生にも楽しみはあります。たとえば難しい任務をやり遂げた達成感や、さまざまな欲望に打ち勝った充実感、読書で知識を得る喜び、それから数学の難問を解けた喜びは多くの学生たちが経験するはずです。実際、運よくこのような平穏無事で落ち着きのある充実した人生を送る人も大勢います。

しかし、理性があまりにも強すぎると、欲望にまつわる楽しみを抑制してしまうことも確かです。ゆえにプラトン哲学は、欲望を全面的に否定した禁欲主義に走りがちです。

そういう人生は危険が少なく、成功する可能性も高いのですが、多くの人にとっては無味乾燥に映ることでしょう。それゆえ、このようなシンプルで理性的な人生は、より豊かな人生を望んでいる人々の期待に応えることはできません。

それに気づいた十九世紀の哲学者ニーチェは、理性で欲望を牽制する方法に異議を唱え、比較的バランスのとれた提案をしました。

ニーチェによれば、欲望を放任しすぎると人生に混乱を招くけれど、適度に放任しコントロールさえ失わなければ、多種多様な人生を享受できるといいます。彼は、真に美しい人生とは理性的な美しさだけではなく、感情的な欲望に酔う美しさも混じっているべきだと考えたのです。

プラトンは実際にみずから禁欲的な生活を選んでいましたが、もしかしたら、このような欲望と共存するスタイルの人生も否定しないのではないでしょうか。

確かに、理性主導の人生を送ってさえいれば、何も心配はありません。その一方、禁欲を解いた状況で、度を越さずコントロールを失わずに欲望を享受するのは、始終、平均台の上を歩いているようなもので、当然その歩調を保つことは簡単ではありません。

本当にそれができれば、より美学に符合した人生の形となり得ますが、そんなことができる人などいるでしょうか？　歴史上の人物でも数えるほどしかいません。

もしかすると、真の知恵者というのは、実は、歴史に登場しない名もなき市井の隠者であり、そのような人物は誰にも邪魔をされることなく美しい人生を享受しているのかもしれません。

## もうひとりの著者からの質問〈白取春彦〉

たとえていうならば、理性は状況の分析と判断をする上官、気概は理性のための燃料班と兵站の係と考えてもよろしいでしょうか。

## 回答〈冀剣制〉

とても面白い比喩です。ただ、気概が理性のための燃料と考えるというのは、正確さには少々欠けています。

理性を自動車、気概を「ギヤ」にたとえると、より正確になり、理解しやすくなるかもしれません。

理性という自動車は四速でのみ走行できると仮定します。不都合のない状態であれば順調に走行できますが、欲望という手ごわい上り坂にさしかかった時は理性だけでは上り切れず、克服できません。そんなとき、気概が出てきて力を合わせます。人生の道のりにおいて、ギヤを最強の一速に変更すれば、欲望が作り出す障壁を克服することができるでしょう。

また、気概は理性とだけ友人関係を結ぶわけではなく、欲望とも手を結び、人をさらなる苦境へと陥れることがあります。

そういう状況で気概が自動車のギヤをバックに入れたら、人生が深淵に墜落するかのごとく、自動車は谷底に転がり落ちてしまうでしょう。

# 幸福は自分で手に入れる

幸福な人生とは、外に求めるものでも運に頼るものでもない。

アリストテレス

Aristoteles
BC384-BC322

古代ギリシアの哲学者。プラトンに学び、少年時代のアレクサンドロス大王を教える。生物学、倫理学、政治学、論理学など多岐にわたる研究は後世に大きな影響を与えた。

アリストテレスはプラトンの弟子です。西洋哲学史上、最多ともいえる著作を残した博学の士であり、学術貢献度の面でも肩を並べる人物はいません。

アリストテレスは、幸福な人生とは何か、という問題についてこう主張しています。「幸福な人生とは、外に求めるものでも運に頼るものでもなく、自分自身で決めるものである」

なるほど、実に素晴らしい説です。しかし正直なところ、かつて大学で学び始めた頃の私にしてみれば、空虚な励まし、あるいは偽善者が吹聴するきれいごとでしかなく、まったく現実味がありませんでした。

しかも当時の社会は、明らかにその説に逆行しており、人々は自分の幸福のために外在的な事物を手に入れようと必死になっていました。頑張って競争に参加しなければ損をすると、本気で思っていたのです。

実際はどうなのでしょうか？　アリストテレスが間違っているのか、それとも社会が誤った幸せ探しをするうちに道を見失っていたのでしょうか？

## 「幸福にしてくれるもの」を手に入れれば本当に幸福になれるのか？

アリストテレスは「幸福は外に求めるものではない」と言っていますが、私たちは自分が欲していた外在的な事物を手に入れたとき、明らかに幸せだと感じます。ということは、自分を幸せにしてくれるものを追求し続ければ、本当に幸福な人生が手に入るということなのでしょうか？

これは非常に重要な問題です。なぜならもしも私たちが幸福のアイテムだと思っているものが、実はただの幻想でしかないとしたら、それを必死で追い求めるのは時間の無駄であるばかりか肝心の幸福も手に入らないという最悪の事態を招くことになるからです。そこでまず、一般市民にとっての幸福のアイテムとは何なのかをじっくり考えてみましょう。

現代人が「お幸せに」という言葉をいちばんよく使うのは、結婚式の時です。つまり人は、幸福になるためにするのが結婚であり、それが最も手っ取り早く幸福を獲得できる方法であると認識しているのです。逆に、結婚していない人は、幸福を獲得できなかったとして同情されることさえあります。

そういう考えは社会に蔓延していますが、「それは間違いだ！」という研究が数多く確認できます。

周囲の人々の日常生活を観察してみてください。結婚で幸福になった人は確かにいますが、後悔している人も相当数にのぼり、離婚率も高まっています。

その一方で、独身でも幸福な人が大勢いることにも気づくはずです。それればかりか、いまでは既婚者と独身者を比較する科学的な研究が盛んに実施されており、幸福感において両者に明らかな差異はないという結果が出ています。

つまり、結婚そのものが幸福をもたらすわけではないので、結婚できない人、あるいは結婚を望まない人が、何かを失ったと思う必要はまったくありません。もちろん、結婚が不幸をもたらすという研究結果が出たわけでもないので、既婚者、そして結婚を望む人も心配には及びません。

結婚そのものが不幸をもたらすことはありませんが、私たちが結婚イコール幸福であると勘違いをしてしまうと、その思いが不幸をもたらす可能性はあります。

幸福を手に入れるポイントは結婚でも、結婚相手を選ぶことでもなく、結婚した二人がどのような関係を築けるかです。

人づきあいの能力が向上すれば、幸福になる能力も向上します。つまり幸福な結婚生活を送っている人は、結婚したから幸せになれたのではなく、相手と良好な関係を築いたから幸せになれたのだといえます。

それに人と良好な関係を築かなければならないのは、結婚に限ったことではありません。やはりアリストテレスの言うように、**幸福になるポイントは、外在的な事物を手に入れることではなく、あなたがどういう人間で、あなたの選んだ人といかに良好な関係を築けるかにかかっているのです。**

## 物質的に豊かな暮らしは幸せなのか？

現代人の多くはすでに、結婚が必ずしも幸福をもたらすものではないことに気づいています。ただ、深く考えもせず結婚は幸福なものであるという文化的伝統を受け入れている人が大勢いるというだけのことです。それに加え、この社会には金銭こそが幸福の鍵だと思っている人も数多く存在します。しかし本当にそうなのでしょうか？

もちろん物質的に豊かな暮らしができるのは喜ばしいことです。しかし、そういう暮らしはいったいどれくらい幸せなのでしょうか？　よくよく考えれば、物質的に豊かな暮らしが必ずしも幸せではないことに気づきます。慣れてしまえば、それが日常になるからです。

幸福な人生を追求するにあたっての最大の誤解は、およそ金銭に対する思い込みに端を発しています。

多くの人は十分な金が手に入れば、その先、幸福で楽しい人生が送れるという思い込みから、金もうけを人生の最重要事項と位置づけています。
しかし少し考えれば分かることですが、もしそれが本当なら、金持ちはもれなく幸福だということになります。しかし実際はそうではありません。

子供の頃からなんの苦労もなく贅沢を享受してきた富裕層の子女の幸福度は、一般家庭で育った子供と比べてそれほど高くはありません。また、うまく玉の輿に乗った女性は、富をひけらかすという空虚な楽しみが一つ増えたというくらいで、一般家庭に嫁いだ女性より幸福とは限りません。

そんなのは個人の問題だと考える人もいるでしょう。その金持ちが満足を知らないか、望みが高すぎるのであって、自分は彼らとは違うのだと。もしも突然、天から大金が降ってきたら、これまで我慢してきたことがなんでもできるようになり、幸福に満たされるだろうと想像します。

そういう想像自体に問題はありません。しかし実際は、習慣化した現状に満足せず、本当の幸福は、そう遠くない先（もう少しお金を稼いだ先）の段階にあると誤解している人がほとんどです。

ところが、もう一段階先に到達した人もやはり幸福だとは思っていないことから、そこが幸福の終着点ではないことは明らかです。

そこで、富への幻想から抜け出し、あらためて考えてみると、個人が幸福か否かを決定づける要素はまだまだたくさんあり、富はその中の小さな要素にすぎないということに気づくでしょう。

アリストテレスは二千年前、金銭は幸福をもたらす主たる要素だという考えをきっぱりと否定していました。しかし歴史を見れば、富は人を惑わし、数多くの不幸な事件を生み出してきたことが分かります。これは同時に、プラトンが言うところの欲望が人に及ぼす影響力の強さを如実に物語ってもいます。

実は、幸福を手に入れるための主な要素が金銭ではないことを私たちも理解しています。とはいえ幸福を犠牲にしてでも金銭を優先するという落とし穴に陥り、本末転倒のでたらめな人生を追求してしまう可能性はあります。このように人生をミスリードするパワーは、決して幸福に向かうことはなく、欲望に支配されたまま不幸へと向かいます。

## 友情は金銭以上に幸福にしてくれる

ただしここで注意すべきは、金銭は幸福をもたらす主な要素ではないとはいえ、物質が過度に不足した生活は苦痛と不幸をもたらすという点です。現代の幸福学の研究によると、ある程度の金銭は必要だとされています。ただし衣食住さえ満たすことができれば、それ以上の金銭がもたらす幸福には限りがあるともいわれています。

アリストテレスは、金銭は幸福を追求するための主な要素ではないと主張しているだけで、金銭が幸福を追求するうえでプラスの役割を演じることを否定しているわけではありません。

彼は金銭を外在的な善と称しました。つまり内面的な要素以外で私たちを幸福へと向かわせる動力であるとして、「私たちが何かよい事業を行おうとするとき、もし金銭がなければ、不可能ではないにしても非常に困難である」とも言っています。

ゆえに金銭をうまく使えば、私たちはより多くの幸福を手にすることは確かなのです。

しかし周囲の人々をないがしろにし、ささやかな幸福を軽視して盲目的に金銭を追求するのは、本末転倒というほかありません。

アリストテレスは、幸福な人生を手に入れたければ、多額の金銭よりも人づきあいの能力のほうがよほど助けになると考えていました。

大勢の友人がいて、互いに行き来し、助け合い、気にかけ、雑談できれば、確かに幸福で楽しい気分を味わうことができます。

たとえば地下鉄の車内で周りを見渡すと、疲れた無表情の人ばかりでほとんど笑顔は見当たりません。たまに笑顔の人を見かけると、そばに友人がいるか、電話をかけています。

それから自分が楽しかった時間を一つひとつ数え上げてみてください。そのほとんどが金銭で得た時間ではなく、良好な人間関係さえあれば無料で得られることに気づくはずです。

ただそういう無料の事柄は往々にして軽視されがちです。時に人は、わずかな金銭をめぐって友情を壊してしまうことがありますが、それは本当に間違っています。

**友情というのは、金銭以上に人を幸せにしてくれるものです。あくせく金銭を追い求めるあまり友情を壊してしまうなんて、きわめて愚かな行為だと思いませんか？**

## 幸福をもたらすのは自分の能力と性質

幸福で楽しい人生を追求する中で、よくあるもう一つの誤解は、何かを手に入れれば幸福になれるという思い込みです。たとえばハイスペックなスマートホンを購入したり、昇進したり、さらには宝クジに当たったりと、何かを手に入れさえすれば人生はバラ色になると思っていませんか？ しかしそれらは束の間の快楽でしかありません。束の間の快楽も人生には大切な要素ですが、そんな幸福感はすぐに消えてしまいます。

ではいったい、誰が、何が幸福をもたらしてくれるのでしょう？ アリストテレスの「幸福は外に求めるものではない」という説を思い出してください。

**私たちは、人や物に頼っても幸せにはなれないのです。そうなると私たちに幸福をもたらしてくれるのは、自分の能力と内在的な性質だけということになります。この観点は、実は現代の幸福学の研究とも合致しています。**

とはいえ、多くの人にとって、この考えを認めるのは簡単ではないでしょう。それもそのはずです。欲望を満たして手に入る快楽は、ひどく人を引きつけるので、私たちがそれを幸福だと勘違いしてしまうのはごく自然なことだといえます。

しかし実際は、その快楽におぼれてさらなる苦痛を招く可能性があるのですが、アリストテレスはこの問題を考えるにあたり、プラトンの考えを支持しました。つまり、欲望的な快楽は理性の制約を受けるべきであり、そういう状態にあってこそ、継続的な喜びが得られ、幸福も手に入ると考えたのです。

およそ外からもたらされる人、物、事柄はすべて似通った問題をはらんでいます。しかし内在的な性質の多くは、直接、喜びと幸福につながっています。

ではなぜ、欲望を満足させる快楽の追求こそが幸福の追求であると誤解してしまうかというと、快楽と喜びの差をはっきり区別していないからです。

喜びとは、静態的かつ持続的な快楽であり、そういう種類の快楽こそが幸福感につながっています。しかし私たちは日頃から精神的な喜びではなく、欲望に任せた快楽を追求することに慣れているため、自分では幸福を追求しているつもりでも、実際はどんどん幸福からかけ離れている場合がほとんどです。

## 快楽を追求するより喜びを追求するほうが得策だ

快楽は二種類に分けることができます。一つは幸福をもたらすもの、もう一つは不幸をもたらすものです。

それを見分ける方法は、非常に簡単です。なぜなら幸福というのは、長時間継続する感情だからです。私たちが快楽を得たとします。その快楽はどれくらい持続するでしょう。将来、その快楽を振り返ったときに、まだ喜びを感じているでしょうか？

たとえば数万円の食事をしたとします。食べたときはとても満足するかもしれませんが、食べ終わったあとはどうでしょう？　それっきりです！

どれだけおいしくても、それは束の間の快楽にすぎず、もし食べすぎれば胃もたれを引き起こして幸福感は損なわれるでしょうし、明らかに予算オーバーなのに無理をして食べれば、金銭を失う苦痛を背負わなければなりません。

たとえ誰かにおごってもらっても、それも束の間の快楽でしかありません！　そんなふうに人に借りを作ってまで、味わう価値があるのでしょうか。

多くの人は働かず楽をして暮らしたい、そういう人生が最高だと思っていますが、それもやはり束の間の快楽です。そんな日が続けば、生きる原動力がどんどん衰退し、かえって大きな不幸を招きます。

それとは逆に、長くじっくりと味わうことのできる快楽も数多くあります。

物事には、いまはそれほど楽しくなくても、時間が経つうち自信につながることがよくあります。しかもそれには使用期限がなく、いつ思い返しても喜びに満ちた感覚に浸ることができるのです。そういう事柄がたくさん積み重なれば、もはや幸せになれない、なんてことはありえません。

**ですから「快楽」を追求するより「喜び」を追求するほうが得策です。喜びというのは淡いものですが、満足感をより継続することができます。そういう満足感のほうが、感覚**

**器官で味わう快楽より、幸福への近道だといえます。**

## 「優れた性質」が私たちを幸福へと導く

アリストテレスは、幸福のかなめは、人を喜びや幸福に導くことのできる内在的な性質にあると主張しています。つまり、優れた性質（アレテー）さえ備えていれば、喜びを幸福へとつなげていくことができるのです。

たとえば「寛容」というのは、幸福に通じる優れた性質の一つです。ただし、「寛容」と単に「他人を許す」こととは、まったく別の事柄であることをはっきりさせておく必要があります。

前者は内在的な自制心であり、後者はただの行動規範にすぎません。

たとえば誰かのせいで迷惑をこうむったとします。優れた性質こそ備わっていないけれど道徳規範を守れる人の場合、心の中では怒っていてもそれを抑えて、何でもないようにふるまったり許しの言葉をかけたりすることはできます。しかし内心は「寛容」の精神状態では決してありません。

そういう抑圧は、即時の衝突を避けることはできても幸福感がなく、かえって苦痛をもたらします。しかし「寛容」という優れた性質が備わっていると、怒りを覚えることはありません。いとも簡単に他人を許すことができるため、いかなる感情も抑圧する必要がなく、たとえ怒ったとしてもすぐに収まります。

寛容の心には、他人の身勝手に対する怒りを収めて取り除く作用があり、気持ちを軽くしてくれます。

もちろん、寛容にも限度があり、なすがままにさせておくわけではありません。相手が深刻な違法行為に及べば、当然通報します。

しかし、ただただ身勝手な行動を見せつけられてやりきれないというだけなら、寛容は最善の防御手段となります。その人を変えることはできないけれど、少なくとも自分の幸福が壊されることはありません。そういう内在的な性質は、私たちをスムーズに幸福へと導いてくれます。

「優れた性質」を明かりにして幸福の道を歩む

## 寛容の心を持つためには そうする意志が必要となる

寛容になれと口で言うのは簡単です。ではどうすれば「寛容な人」になれるのでしょうか？　真面目な話、ただ望めばいいだけで特に難しいことではありません。

まずは意志を持つことです。意志を持つということは、すなわち寛容という幸福の道を知っているということであり、幸福のために進んで他人の悪行を許そうとします。

多くの人はそういう心境になれず、いつも心の中でののしり、あちこちで文句を言って復讐した気になっています。しかしそんなことをしても、相手になんの損害も発生しないばかりか、かえって自分が苦しむことになるのです。「他人を大目に見ることは、自分を大目に見ることである」という俗語があるのも納得です。

もちろん現状を変えられるなら、頑張る価値はあります。しかしどうしようもないなら、自分を変えるのが最善の方法です。

幸福な人生を追求したいなら、その状況を自己鍛錬のチャンスだと思ってください。内在的な性質を鍛えることさえできれば、これからはもう幸福な人生を他人に邪魔される心配はなくなるのです。

実は私も、以前は似たような悩みを抱えていました。毎日、思い出すたびに激しい怒りを覚え、友人に会うといつも、自分を苦しめている人々がいかに最低であるかを訴えていました。しかし後になって、そうすることのマイナス面の多さに気がついたのです。

第一に、他人の悪口を喜んで聞く人はいません。悪口というのはその言葉自体、聞くのも不愉快なものだからです。つまり私たちは自分の問題を人に聞いてもらっているとき、同時に聞き手の幸福も壊しているのです。

第二に、悪口を聞いている人たちは、あなたに陰で悪口を言われているのではないかと疑っているかもしれず、人間関係が壊れかねません。

そこで私は、寛容の心を養うべきだというアリストテレス流の方法に従うことに決めました。そうして月日が経つにつれ、本当にそれが板についてきたのです。すると日常生活で怒りを覚えることが減り、より自由に生きられるようになりました。

## 寛容になると人間関係がよくなり、過去の自分を許せるようになる

私たちが寛容の心を手に入れたとき、怒りという不幸な時間を回避できるばかりか、少なくともあと二つの利点があります。

一つは、人との衝突が減り、コミュニケーションが円滑になることでいち早く誤解を察知できることです。誤解が解けると自分が不当な行動に出なかったことや不当な発言をしなかったことに、まず喜びを感じるでしょう。その収穫は、おのずと人間関係を改善し、日常の幸福感を増進します。

寛容の二つ目の利点は、過去の自分を許せることです。人は成長の過程において、欲望の精神に支配され、思い出すたびに恥ずかしくなるような身勝手な悪事を働いてしまうことがあります。

私たちは常にそういう後悔の念を抱いて日々を過ごしていて、そこから解き放たれることはありません。人によっては、自分は幸せになる資格がないという思いから無意識に自

分を苦しめている場合もあります。

私たちは、他人に寛容になることを学ぶと同時に、自分にも寛容になることを学ぶべきです。自分を責め続けるより、もっと有意義なことをして葛藤を捨て去るのです。


**寛容の心という優れた性質を一つ備えるだけで、いくつもの不愉快な気分を軽減でき、多くの幸福がもたらされます。つまり私たちは、優れた性質を多様に備えることで、もっと簡単に幸福な人生を獲得することができるのです。**

## 優れた性質を身につけるには実践し、習慣にすること

アリストテレスの言う「優れた性質」は、よく「徳（アレテー）」と訳されます。ただし、この言葉を用いてアリストテレスの幸福観を読み解こうとすると誤解が生じやすくなります。なぜなら「徳」という言葉は、道徳に関する性質を連想させるからです。

道徳も「優れた性質」に含まれますが、アリストテレスが幸福を説く場合、道徳を説いているわけではありません。むしろ道徳は人生の目的でないとさえ主張しています。

というのもアリストテレスは道徳心があっても不幸な運命をたどる人を数多く見てきたからです。アリストテレスに言わせれば、道徳心があっても不幸なら、どういう理屈をこねようとも幸福な人生ということにはなりえないのです。

哲学では、いわゆる「徳倫理学」が説いているのが道徳と関係のある優れた性質です。他にも「徳認識論」という分野がありますが、これは道徳とは関係なく、正確な知識を容易に獲得するための優れた性質について説いています。

具体的には、省察する習慣、疑わしい情報に対する過敏度、論理的な思考力、ひいては豊富な知識などで、それらすべてが幸福を手に入れるための優れた性質なのです。

それから、知識や道徳とは無関係の優れた性質というのもあり、西洋で伝統的に尊ばれてきた「勇気」はその一つです。これはいわば危険を冒す勇気であり、人生の夢を実現するために努力し、困難を克服する能力です。また美を味わう能力も道徳や知識とは無関係ですが、やはり幸福な人生に通じる優れた性質といえます。

では私たちを幸福な人生へと導いてくれる優れた性質を養う方法はあるのでしょうか？

アリストテレスの答えは**「実践し、習慣にする」**です。

たとえば「寛容」の場合は、寛容になれるチャンスが来たらなるべくそれを実践し、心の中の感覚を切り替えようと努めます。

ポイントは、うわべだけでなく本気で切り替えようという意志を持ち、心の底から湧き上がる寛容を試すことです。もちろん新しい能力を習得するのですから、始めたばかりの頃はとても難しく全然うまくいく気がしないものです。ところがそれを続けていると、だんだん習慣になり、その能力が発揮できるようになってきます。

幸福を手にする秘訣として最も簡単な方法は「早起き」です。多くの人は毎朝、目覚ましに起こされるという苦痛を味わっているため、自然に目覚めることこそが幸せだという思い込みがあり、休みの日を心待ちにしています。

しかし実を言うと、幸せになるのはそれほど難しくありません。ただ早起きの習慣を身につければいいのです。習慣になるまでは少々つらいですが、数日でうまくいきます。そうして続けていけばいいのですから、やってみない手はありませんよね？

その他にも私たちを幸福に導いてくれる優れた性質として「勤勉」があります。よく働く人は、忍耐力があり労力を惜しみません。たとえば、よく働いたあとは、その負担が大きすぎない限り、どんな小さな仕事でも達成感が得られるうえに人からも認めてもらえます。私たちはそういうことに幸せを感じるものです。

そしてその訓練方法は「寛容」や「早起き」と同じで、まずは実践です。進んで労働に励み、気持ちを切り替えるのです。そのとき、なるべく損をしているとか面倒だとか思わないようにしていると、いつしか勤勉という優れた性質が養われていることでしょう。

「勇気」も同じです。勇敢であることは、恐れを知らないということではなく、たとえ恐怖を感じても勇気を持って前に進むことです。ゆえに「勇気」を養うには、常に恐怖と向き合うことが大切です。

いくら怖くても理性的に考えれば、やるべきことが見えてきます。それを繰り返すうち、恐怖と向き合うことができるようになり、おのずと「勇気」という優れた性質が身につくはずです。

他には、物惜しみしないことや知恵、善良さ、誠実、公平なども、すべて人生を幸福へと導いてくれる優れた性質です。**そしてそれらを養おうという意志を持つだけでも、人生は幸福に向かって進み始めます。そういう日々が続けば、優れた性質の数々はより深みを**

**増し、私たちはより一層幸福になれるのです。**

この幸福についての主張に間違いはないと確信しています。とにかく、何か一つ実践してみればすぐにその魅力に引きつけられるでしょう。幸福な人生を追求したいなら、むやみやたらな幸せ探しなどやめにして、アリストテレスの知恵に耳を傾けてみませんか。

## もうひとりの著者からの質問〈白取春彦〉

現代の多くの人は幸福には条件があるはずだと考えています。その条件の最初の一つに、豊かな金銭の所持も含まれています。

しかし、この「～するには～という条件が必要だ」という考え方自体がすでに幸福から離れた考え方だと思います。そういう考え方を打破するハンマーとして、何があると思いますか。

## 回答〈冀剣制〉

現代人の多くは、金銭は幸福を得るための最も重要なアイテムだと考えています。しかし哲学的な思考からいえば、それは幻想です。人は往々にして、幸福とは短い快楽の蓄積によって得られると誤解しています。そして短い快楽の多くは金銭で買えるので、金銭は幸福を得るためになくてはならない要素だと思ってしまうのです。

もちろん、短い快楽で満たされた人生も幸せですが、問題は、金銭で得た短い快楽は必ず代価を伴うということです。さらにその代価は、幸福を目減りさせるばかりか不幸をもたらす可能性もあります。そういった優れた性質に属さない外在的な条件の多くには同様の特質があり、日常生活においては誰の目にも明らかです。ですから「理性により真実を見ること」こそが、鉄槌となり幻想を打ち砕くのではないでしょうか。

# 第2章

# 考え方に革命を起こせ

# 疑うことで自分を発見する

人生において真理を追究するには、
信じていることをすべて、
少なくとも一度は疑う必要がある。

ルネ・デカルト

René Descartes
1596-1650

フランスの哲学者、数学者。真に確実な知識を得るためにすべてを疑ってみるという「方法的懐疑」を提唱した。「近代哲学の祖」と呼ばれる。



〈冀剣制〉

デカルトは十七世紀のフランスの哲学者で、「我思う、ゆえに我あり」という名言を残しました。あまりにも有名な言葉ですが、その本当の意味を知る人は多くありません。

ある日、コーヒーショップで私の席の後方に、一組の男女が座っていました。

恋愛中というのは、なかなか自分に自信が持てないものです。男性は、いいところを見せようと必死で持論を展開し、その中で何度も哲学の専門用語を使い、教養の奥深さを演出していました。

しかし彼は、すぐ近くに哲学の教授が座っているとは夢にも思っていません。しかもその教授は、あらぬ方向に視線を送りながら、実は思いきり耳をそばだて、男性が並べ立てている専門用語がほぼ間違っていることをひそかに憂えていたのです。

相手の女性はというと、好感を得ようと「すごい」を連発して男性をほめちぎっていました。さらに「考え方が奥深い」と絶賛し、「なぜそんなに物知りなの？」と驚きを隠せない様子です。おだてられた男性は、ある名言を持ち出しました。

「デカルトの『我思う、ゆえに我あり』というのは、人は考えるからこそ存在価値があるという意味なんだ」

もちろん、彼の説明は間違っています。しかし私は訂正したいという衝動を抑えました。その時の彼らには、「我思う、ゆえに我あり」がどういう意味かなんて、どうでもいいことなのです。それ以上に、一刻も早く突破口を見つけて曖昧な状態から抜け出し、さらに進んだ関係性を築きたいという思いがひしひしと伝わってきます。恐らく、もしその女性に哲学的な知識が備わっていて男性の間違いに気づいていたとしても、そこで間違いを指摘したりしないでしょう。

では「我思う、ゆえに我あり」が思考の重要性を説いているわけではないとしたら、本当はどういう意味なのでしょう？

## 思考さえ存在していれば、必ず思考の主体も存在している

まず「思考の主体」と「思考の客体」という二つの言葉の区別から始めましょう。

人が思考するとき、この思考している人を「思考の主体」と呼び、その人が思考している対象を「思考の客体」と呼びます。たとえば、私がのどの渇きを覚え、アイスコーヒーが飲みたくなったとします。このとき、私が思考の主体であり、アイスコーヒーが思考の客体です。

簡単に聞こえますが、誤解しやすいので詳しく説明します。ここで注意しなければならないのは、「思考の客体」は具体的なアイスコーヒーとは限らず、脳内の想像だけでも構わないという点です。

となると「思考の主体」も血の通った人間ではなく、脳内で今まさにアイスコーヒーのことを考えている私であってもいいのです。

そこでひとまず物質世界のあらゆるものを排除し、純粋に思考の世界に入り込むことにしましょう。その世界には、思考する人がいて、思考する人が考えている事柄があります。

この思考する人が「思考の主体」であり、いままさに考えられている内容が「思考の客体」なのです。この区別さえできれば「我思う、ゆえに我あり」の解釈がしやすくなります。

「我思う、ゆえに我あり」とは、「思考の存在は、思考の主体の存在を証明する」という意味です。つまり**「思考には必ず思考の主体が存在しているため、思考さえ存在していれば、間違いなく思考の主体も存在している」**ということです。

そしてその思考の主体を「我」とした場合、思考の存在は「我」の存在をも保証することになります。

もちろんこの「我」は思考の世界における思考する人のことであり、物質的な肉体を持つ人間とは限りません。つまり「我思う、ゆえに我あり」の「我あり」は、いままさに思考している思考の主体が存在していることと解釈できます。

そして何度も言っているように、その思考する人は血の通った人間であるとは限らず、もし亡霊が思考したとしても、「我思う、ゆえに我あり」は成立します。

では、この哲学的思考の価値と目的は何なのでしょうか？

## 間違いを避けられない主な原因は間違った知識だとデカルトは考えた

デカルトの文献をひも解くと、デカルトはある日突然、重大な発見をしたのだと想像できます。そしてその重大な発見は、彼の勘違いが発端だったようです。

人は誰しも日々の暮らしの中で、判断を誤ることがあります。絶対的な自信を持っていたことでも、あとになって間違いに気づいたりするものですが、実はデカルトも例外ではありませんでした。

そういうときの反応は人それぞれです。なぜこうなったのかと不思議がる人、自分がバカだったと笑い飛ばす人、あるいは、自分の間違いとそれによってもたらされた不幸を悔やむ人もいるでしょう。

そこで思い出されるのがニュートンの伝説です。一般人はリンゴが落ちるという現象を気にも留めませんでしたが、ニュートンはそこに疑問を抱きました。

同様に、たまに間違いを犯すことについて、私たちは慣れっこなので気にも留めませんが、デカルトはニュートンのように疑問を抱きました。
そして彼は過去を振り返り、最終的に判断を誤ったのは、どこかの時点で考え方を間違ったことが原因ではないか、と考えました。
しかし、どこかの時点で思考に誤りがあったわけではないと気づきます。というのも、もし過去に戻ってもう一度よく考え、慎重に判断したとしても、やはり同じ間違いを犯すはずだという結論に達したからです。

私たちが間違いを恐れるのは、間違いを犯す潜在的な危機を容易に見つけることができないからです。そのため未来を予想できず、何度も間違いを繰り返し、災いを招いてしまいます。もっと恐ろしいことに、実はまだ災難が降りかかっていないだけで、いままさに間違いを犯しているかもしれないのです。

よくよく考えて慎重に判断しても、予測も調整もできない重大な災難が降りかかるのだとすれば、回避する方法さえ分からない潜在的な危機の存在を思い知らされたようで、それこそが恐怖です。

デカルトは、**人が間違いを避けられない主な原因は、日頃から正しいと信じている間違った知識のせいだ**、と考えました。もし間違った知識を使って思考すれば、たとえ推論に誤りがなくても、間違った結論を導いてしまうというのです。そういう苦境から抜け出すためには、間違った知識をすべて排除するしかありません。

そこでデカルトは「全面的に疑う」という方法で、疑わしい知識をすべて捨て去り、新たに知識を構築することにしました。そして彼は「人生において真理を追究するには、信じていることをすべて、少なくとも一度は疑う必要がある」と主張しました。そうすることで知らないうちに混じりこんでいる間違った知識を排除することができるというのです。

## 思考の主体の存在は疑いようがない

こうしてデカルトは、あらゆるものを疑い始めました。自分が見聞きした感覚的な知識をはじめ、数学や論理学さえも、すべて間違っているのではないかと考えました。そして、

自分が信じていることをすべて疑ってみると間違いが避けられる

この世の中には疑いようのないものなどほとんど存在しないと気づいたデカルトは、私たちの誇りともいえる知識のもろさを痛感しました。

そして「疑いようのないものはあるのか?」という問いに対し、デカルトは最終的に「思考の主体の存在」は疑いようがないという答えを出しました。

「懐疑」とは「思考」することです。そして「思考」は「思考の主体」の存在を保証するものなので「懐疑」も「思考の主体」を保証します。つまり「懐疑している思考の主体」は疑いようがないのだから、「あらゆるものが疑えるわけではなく、少なくとも思考の主体である『我』の存在は疑うことはできない」という結論に至ります。これが「我思う、ゆえに我あり」という主張につながります。

この結論は、哲学理論の発展において重要な意味を持っていますが、ただちに日常生活に活かせるというものではありませんでした。それから数百年の時をかけて熟成が進み、現在の日常生活に役立つ素晴らしい知恵となったのです。

## 私たちの知識は、一つの基礎の上に存在しているわけではない

世の中のあらゆるものを疑ったデカルトは、単に知識を打ち壊そうとしたわけではありません。信頼に足る新たな知識体系を構築しうる基礎的な知識を探そうとしたのです。

ところが「我あり」が信頼できるからといって、すべてを網羅する知識体系を導き出すことはできませんでした。しかし後世に登場する大勢の哲学者がその意思を引き継ぎ、デカルトの未完成の仕事に挑戦しました。そして数百年が経ち、私たちはおおよその結論に達しました。

「そういうものは存在しない！」という結論です。この**「私たちの知識は、一つの基礎の上に存在しているわけではない」という知恵は、確実に日常生活に役立ちます。**デカルトのオリジナルではありませんが、彼の「懐疑」が源になっていることは確実です。

デカルトは「懐疑」することにより、真理の探求に必要な確固たる知識を発見しようとしていました。これは目的ありきの「懐疑」です。そしてついに「我あり」は疑いようが

ないことを突き止め、その確固たる知識をあらゆる知識の基礎として、他の知識をも発展させようとしました。

この試みは後に「基礎付け主義」と称されます。つまり知識というものは、土台となる最も基礎的で間違いのない知識の上に一層一層積み上げられた高いビルのようなものだという考えです。

実は私たちは生まれながらにしてこの「基礎付け主義」的な思考回路を持っています。たとえば、子供に「ゴミのポイ捨てはダメ」と言ったら「なぜダメなの？」と聞き返されることがあります。

あなたがいくら理由を説明しても、子供は納得するまで「なぜ？」を繰り返します。このように、人はある知識を理解しようとするとき、別のもっと基礎的な知識に説明をゆだね、次々と知識を引き継いでいく性質を生まれながらに持っています。そしてもう引き継ぐ必要のない最も基礎的な知識にたどり着くまでそれを続けます。

しかし、いくら説明してもまったく納得せず「なぜ」を繰り返す面倒な子供に遭遇したとき、あなたはその子供を説得する方法など存在しないことに気づくでしょう。

同様に後世の哲学者たちも「我あり」だけでは不十分だと気づき、もっと他にも基礎的な知識を増やさなければならないと考えました。**そして数百年という時間を費やし、哲学界は、より優れた基礎的な知識を探し続けてきました。しかし現在は、そういう「基礎付け主義」は間違いだと考える傾向にあります。**

デカルトから始まった「知識そのものを深く追求する」という作業は、数百年の思考を経て「真理の整合説」という知恵を導き出しました。それはどういうことかというと、知識というのは、知識ごとに個別の土台が存在するのではなく、実は、複数の知識が集合し互いに支え合っているため、そのどれか一つでも欠かすことはできないという説です。

そういう視点から物事を見れば、宗教や文化、あるいは政治的立場の異なる人同士で真の対話をすることが難しい本当の理由が分かってきます。実際、私たちは相手と異なる考えを持ち出して相手を説得することは不可能です。

また相手の考えを否定することもできません。なぜなら、相手の考えはその人の持つ数々の知識によって守られているからです。

そういう相手と意思疎通をするためには、互いにすべての考えをさらけ出す必要があります。そして相手の思考世界に深く入り込みすべての考えを理解してこそ、本当に理解できたといえます。そこまでしても意思疎通の余地がまったくないことに気づくこともあるでしょう。

これは現代の哲学者トーマス・クーンが主張した「共約不可能性」（パラダイム間の通約不可能性）と少し似ています。簡単に言うと、科学革命の前と後の理論は、共通の物差しで測れないという考えです。科学理論の世界でもこんな調子なのですから、人間同士は、なおさらでしょう。

人と人が対話をする場合、完全に分かり合えることは、そう多くありません。私たちは、自分の考えを口にするとき、考えのすべてを言葉にするわけではなく、言葉の裏には多くの内容が隠れています。

それに、みんな同じ考えだろうと思いこんでいる共通の予備知識をあえて口に出したりもしません。そしてあなたの考えを聞いた相手も、自分の物差しで勝手に行間を読み取ります。

そんなとき、言葉の裏に隠された内容であれ共通の予備知識であれ、話し手と聞き手、それぞれが考えている内容が一致することはほとんどありません。このように対話には誤解がつきものなので、相手が完全に自分の考えを理解したと思うのは危険です。

特に、あなたの考えが他の大多数と異なる場合、相手が「分かった」と言っても、その人が理解した内容は、その人の予備知識に基づいた理解でしかなく、あなたの本当の考えとは遠くかけ離れている可能性があるのです。

## 懐疑的精神を養って　フェイクニュースにだまされない

奥深い哲学を語らずとも、デカルトが真理の探求のために試みた「懐疑」という手法は、日常生活を送るうえで非常に重要な知恵となりえます。その知恵は私たちに「圧倒的多数の考え方はすべて疑うことができる」また「懐疑は真理への道だ」と教えています。

私たちもデカルトのように「懐疑」を実践すれば、疑わしい考え方を数多く発見することができるでしょう。そうすることで迷いが消え、執着からも解き放たれるのです。もし自分が頑なに信じている観点を疑うことができれば、容易に懐疑的精神を養うことができ、そのスキルはこの現代社会で自分を守る非常に有益な武器となります。

人は毎日、偽情報に接している可能性があります。伝達ミスによるものもありますが、政治的な悪意のあるフェイクニュースや、ビジネスがらみのデマなどさまざまです。特に何の根拠もないばかりか人に健康被害を与えるような情報は、簡単に拡散される傾向にあります。そういう情報は、もっともらしい新聞記事や新しい科学的な知識をうたい文句にしているため、多くの人は健康被害のリスクを顧みず簡単に信じてしまいます。

こういう世の中に対抗するための最も有効な方法は、鋭い懐疑的精神を養うことです。懐疑的精神とは、批判的なまなざしをもって重要な情報を濾過する思考力でもあることから「批判的思考」とも称されます。特に、各種の情報に影響され先入観で満たされた考え方に対しては、誤った判断を防ぐためにも、まずは疑い、濾過することが大切です。

批判的な思考を習得すれば、人生は一転します。私たちは日常生活において、自分が当然だと思っている多種多様な知識を用いて物事を処理し、正誤の判断をしています。そういう独自の観念は、自分自身の行動規範となるだけでなく、他人を批評したり指図したりする際にも用いられます。そのため他人との衝突を招くこともありますが、だからといって私たちが独自の観念を曲げることはありません。

**しかし一度疑ってみてください。そうすれば凝り固まった考えから抜け出すチャンスが訪れます。そしてそれが知恵の成長における重要な転換点となります。**

懐疑的精神は他人に対する信頼に欠けていて、人間関係に悪影響を及ぼすと思っている人も多いでしょう。しかしそれは懐疑的精神に対する誤解です。アリストテレスが主張した幸福になるための「優れた性質」という観点からすると、他人を疑うことは優れた性質から程遠いものです。でも実は、懐疑的精神が疑う対象は、情報であって人格ではないのです。

「他人を信頼する」ことは優れた性質です。もちろん、他人の人格を信頼するといっても、誰しも間違いは犯すものなので、その人の言論を鵜呑みにするというわけではありません。他人の言論が疑わしいと思ったときは、疑って当然です。

しかし相手を信頼しているなら、その人が故意に嘘をついているのではなく、間違っているという可能性も考慮すべきです。そして明らかに嘘をついていると証明できる理由が見つからない限り、人格まで疑うべきではありません。

このようにまず信頼し次に疑うという行為は、アリストテレスの言う幸福につながる優れた性質に属します。一方で、いかなる情報もまずは疑い、次に信頼するという批判的な思考力は、怪しい情報を間違って信じてしまう回数を減らすことができ、これも幸福につながる重要な要素といえます。ゆえにこれら二つの方法はまったく矛盾しません。

## 情報を「濾過」して懐疑的精神を習得する

懐疑的精神を養うには、どんな情報でも受け取る前に「濾過」してみる習慣をつけることです。それが重要な情報であればあるほど、時間をかけることが大切です。

「濾過」とは、情報の中から疑わしい成分を探し出す作業です。精度のいい濾過機を手に入れるには、誤った思考に陥りやすい特徴を数多く知ることと、誤りを察知する能力を研ぎ澄ませることが鍵です。

以前、子供向けの思考訓練の物語を描いた時に、「濾過」の教えを箇条書きにしたことがあります。大人にも役立つので、以下の項目を参考にして脳内に情報の濾過機を設置しましょう。

1　それが原因とは限らない。
2　以前がそうだからといって、いまもそうとは限らない。
3　少数がそうでも、他の大多数もそうであるとは言えない。
4　表面的なものが真相とは限らない。
5　合理的なものが正しいとは限らない。

これらの教えを用いる習慣がつけば、思考の高速濾過機を手に入れることができます。もし情報の中になんらかの疑わしい特徴が含まれていれば、脳が自然に警鐘を鳴らすはずです。そういう練習を繰り返し、懐疑の範囲を広げてアンテナを高くしていけば、さらに強力な懐疑的精神を習得することができると信じています。

## もうひとりの著者からの質問〈白取春彦〉

最後のページに書かれている「合理的なものが正しいとは限らない」ということに対して全面的に賛成します。

しかし現代では、グローバル経済の成果主義のせいなのか、合理的なもの、効率的なものがあたかもその特徴だけでまっとうであるかのように思われていることが多いのではないでしょうか。

経済的視点からの価値観がいつのまにか人々の倫理観にまで影響を与えている現代は、倫理の危機の中にあるのではないでしょうか。

## 回答〈冀剣制〉

「人々によい生活をさせる」ことは政治家の責任であり、豊かな生活も当然よいことなので、経済振興を実現できる政府は，単純によい政府とみなされます。

しかしこの見方は、経済成長によってもたらされる負の影響を完全に無視しています。たとえば環境汚染や地球温暖化などの問題です。合理的な価値を優先する思考は、同時に期待を生じさせ、人は容易に道を見失います。そして自分が期待する事柄に対し合理的な理由づけがなされ、そのマイナス面を無視してしまいます。

哲学がそれに歯止めをかける最終的な力になり得るのかもしれません。

# 自我を捨てて自由になる

## 心とは、知覚の束にすぎない。

デイヴィッド・ヒューム

David Hume

1711-1776

イギリスの哲学者、歴史学者。因果関係は習慣による思い込みであって、自然界には存在しないと考えた。イギリス経験論の完成者といわれる。

むかしむかし、あるところに山々に囲まれた小さな村がありました。自給自足のその村は外の世界とはまったく交流がありません。村人たちはこの村こそが世界のすべてで、周りの山々が世界の果てだと信じていました。世界に存在する人や動物、昆虫や草木は余すところなく目の前に存在し、それらによって完璧な世界が構成されているのだと。

ある日、少年は世界の果ての探検に出かけました。たいそう苦労を重ね、高い山、もっと高い山と次々に越えて行き、少年はついに大きな山の頂上にやってきました。そこで少年の目に映ったのは、果てしない世界でした。

実はあの村は世界の一角にすぎなかったのです。外の世界には不思議な草花が生い茂り、見たこともない動物や昆虫が住んでいました。それに人の様子もさまざまで、想像したこともないようなことが起きていました。この瞬間、かつて抱いていた世界のイメージは崩れ去り、少年は震えるような感動を覚えました。

この「震えるような感動」が、十八世紀のイギリスの哲学者デイヴィッド・ヒュームの著作を読むときに湧き上がる感動だといえます。では、どのような哲学的思考が私たちにそれほどの感動をもたらすのでしょうか？

## ヒュームは知識がどこから来るのかを考えた

デカルトはプラトンの伝統を受け継ぎ、論理や数学のような最も重要な知識は天性のものであると主張しました。しかも、ただひたすら思考することにより「我思う、ゆえに我あり」のような最も根本的な知識を発見しました。

一方、ヒュームが受け継いだのは、感覚器官による経験を重視したアリストテレスの経験主義の伝統で、あらゆる知識は経験に由来すると主張しました。そしてそこからヒュームの深遠な懐疑が始まったのです。

ヒュームは、それぞれの知識がどういう経験に由来するのかを検証しようとしました。しかしその過程において、**極めて根本的な知識については、その根源を経験の中から探し出すことは不可能だということに気づきました。**

そこでヒュームは考えます。

「それらの知識が経験から来たものでもなく、天性のものでもないとすれば、いったいどこから来たのか、その土台は何なのか。まさか、知らぬ間に誤って紛れ込んできただけなのか？」と。もし本当に誤って紛れ込んだのだとしたら、実に厄介です。

なぜならそれらの知識は、多くの知識の基礎になっているため、それが崩れようものなら、私たちの知識の海は逆巻く大波で荒れ狂うことになるでしょう。果たして、ヒュームは大波を巻き起こしました。

あらゆる「懐疑」において、特にヒュームは「自我」と「因果」に対する懐疑という点で、多大なる影響をもたらしました。

## デカルトの「疑いようのない自我」をヒュームは疑った

デカルトが「自我」の存在を肯定した一方で、ヒュームは「自我」の存在は疑わしいと考えました。

ヒュームが疑った「自我」は、デカルトのいう「思考の主体」と大差はなく、どちらも心の中の「私（自我）」を指しています。

デカルトの「我思う、ゆえに我あり」によれば、「私」の存在は疑いようのないものです。なぜなら思考という行為には必ず「思考の主体」が存在しており、「私」の存在を疑う行為も一種の思考なので、「思考の主体」は「自我」とイコールだといえるからです。ゆえに「『自我』の存在を疑う」こと自体が矛盾なのです。

デカルトの推理は一見、理にかなっていますが、ヒュームは、デカルトの考える「疑いようのない自我」を疑ってかかりました。

なぜなら、デカルトのいう「自我」の定義は、実際にはその論拠である「我思う、ゆえに我あり」以上の広がりがあるからです。つまり、「思考をしているときは確かに思考の主体が存在しているけれど、思考をしていないときも存在しているということ?」「その思考の主体はずっと存在し続けている?」「次に思考するときに出現する思考の主体は、前と同一の存在?」という疑問を挟む余地があるのです。

実際、デカルトが考える「思考の主体」としての「自我」には、明らかに持続性と承前性があります。たとえ思考をしていなくても「思考の主体」は存在し続けており、次に思考するときの「思考の主体」も前回のそれと同一です。そしてこの「思考の主体」こそが、私たちが一般的にいうところの「自我」なのです。

「自我」の確かさを発見したデカルトは、すべてを疑うという試みに終止符を打ちました。そしてその「自我」観は、大多数の人々の習慣的な考え方と合致していたため、誰もデカルトの推理に問題があるとは思いませんでした。

しかし、デカルトの「我思う、ゆえに我あり」を素直に解釈するだけでは、思考をしていないときの「思考の主体」の存在を確認することはできず、さらに次に思考をするときも前回と同じ「思考の主体」が思考を再開するとは言い切れません。

そうなると、ある種の「魂」のような内在的な核心を「思考の主体」であると仮定しない限り、私たちはデカルトの「自我」観を理解することはできません。

**ヒュームは、この内在的な核心（という仮説）は、私たちの実際の経験に由来するものではないということを発見しました。**

つまり私たちは、この「自我」を確認しうる知覚的な経験を一切したことがないというのです。たとえば、完璧な円というのは実際には存在しませんが、観念上には存在します。

またニュートンは地球に引力があるという仮説を立て、その仮説を用いて自分の見た現象を説明しましたが、実際にそういう引力があるとは限りません。

これと同じで、この「自我」というのも、観念上にのみ存在するか、もしくは知識上の仮説のような存在だとしたのです。

私たちは日常生活の中でこの想像上の「自我」により、さまざまな場面における「私」を理解し、自分と他人を区別しています。

しかし、私たちがこの魂のような「自我」という観念をまず知識から排除すれば（非常に難しい行為ですが、実は可能）、あとに残るのは連続した知覚と内在的な印象が混じり合った集合体であり、そこに延々と続く魂のような核心的な存在があるとは断言できない、というのがヒュームの見解です。

もう一度整理しましょう。私たちは習慣的にこの想像上の内在的な核心のようなものを「自我」として自分自身を認識しています。

しかしその核心を排除すれば、そこに残るのは連続した経験の流れのみです。たとえば火は絶え間なく熱気を立ち昇らせ発光しているため、私たちはそれを「一つの物」だと感じていますが、実はただの錯覚です。火とは発光する気体が連続的に拡散している「現象」であって、「一つの物」と呼べるような核心的な存在ではないのです。

人間の魂の世界を絶え間なく湧き上がる経験の流れとみなし、そこには内在的な核心も存在しないとするなら、いわゆる「自我」も存在しないということになります。

## 現代の科学と哲学でも「自我」の存在は疑われている

ヒュームのこのような考え方は非常に特異で、変わり者の哲学者が幻想した奇妙な世界のようにも思えますが、実際、私たちには内省の中で「自我」という知覚的な経験を探し出す方法はなく、大脳神経の働きを見ても「自我」を司る部位を特定することはできません。

現代の科学と哲学では、「自我」とは大脳の情報統合能力に由来するというのが、比較的説得力のある理論とされています。

要するに、外からもたらされる感覚器官の経験と内在的な思考が時間や空間という背景のもと、すべて脳内で統合され体に受け入れられるため、このような条件がそろうと容易に「私」という観念が生まれやすくなるのです。

しかしそれらの条件の中には、「自我」と呼べる要素は何ひとつなく、もちろん、日々の暮らしの中で最も「自我」と位置づけられやすい体も、「自我」ではありません。なぜなら、重点が内在的な思考にあるので、人が思考をしていないときは、いわゆる「自我」も存在しないからです。

また「自我」をさきほどの条件と結びつけた場合、その条件に一つでも問題が生じると、「私」という観念にも破綻が生じます。

そうなると「私」はもはや「私」ではありません。実際、さまざまなタイプの脳損傷患者が、すでにそういう現象を見せています。

たとえば記憶が急速に流失している認知症の患者は、同時に内在的な考えも失いつつあるため、「自我」は以前と同じとはいえません。また、ある脳損傷患者が自分の体を自分のものと認識できなければ、「自我」もそれに伴って変化します。

このように、条件がそろわなくなると、「自我」の観念も簡単に分化し、消滅してしまうことさえあります。

**ゆえに、「自我」とは一種の認知的な産物であり、自然に形成された仮説的な存在であるといえます。さらに言うなら、一種の錯覚であり、それ自身が不確かなものなので、私たちはある特定の存在を指して「これこそが私だ！」とは言えないのです。**

私たちの思考が「自我」の迷いから脱却することができれば、人間的な成長という意味で、仏教でいうところの「自我を捨て」、「我執を打ち破る」境地に至ったということになります。

## ヒュームの哲学は仏教の実践に応用できる

我執を打ち破るというのは、仏教において苦しみから抜け出すための重要な関門ですが、非常に厳しい修行なので、どこから手をつければよいのか見当もつきません。

しかしそんなときに頼りになるのがヒュームの哲学です。私たちが執着していた自我というものはただの錯覚かもしれないと、思わせてくれるでしょう。

いわゆる「我執」とは、「私」に基づく観念が形成した習慣的な思考です。そういう思考は、思想や感情と深く結びついているため、それがただの習慣だとなかなか気づくことができません。

人生におけるほとんどの苦悩、たとえば「私は人にどう見られているか」「私はどういう身分なのか」「私の存在は危ういのではないか」といった苦悩はすべて我執に端を発しています。

公の場で誰かに侮辱されたり、ぞんざいに扱われたり、恥をかいたりすると、自分の中の核心部分である「自我」というものが傷つけられたようで非常に不愉快なものです。

しかし、**もしその「自我」がただの見せかけで、実在しないとしたら、何を思い悩むことがあるでしょう。そしてそんな不確かなものの名誉を守るために、幸せを棒にふる必要があるでしょうか。**

「自我」という観念は、思考の奥底に潜んで私たちに痛みや苦悩をもたらすモンスターのような存在です。

しかしヒュームの「自我」を疑うという説を思考に取り入れてみるだけで、苦悩をもたらす思考を止めることができます。そうして「自我」という観念が働かなくなると、それに伴い苦悩の原因のほとんどが消え去ります。

もう体面を気にすることもなくなり、他人の目を恐れることもありません。もしかすると死の訪れさえも怖くなくなるかもしれません。そのレベルに達すると、おのずと苦しみからも抜け出せるでしょう。

私は、ヒュームの哲学を学んでからは常に「自我」の存在していない状態を想像し、魂を連続した経験の流れとみなしています。そうして徐々に「自我」という観念の束縛から解放されていく中で、「無我」ともいえる状態になるのがどんどん簡単になっていきました。そうなると、突発的な感情を簡単に避けられるようになります。

例を挙げましょう。私は、学生が授業中にスマートホンを操作するのがとても嫌いなので、授業中の使用は禁止しています。とはいえ規則を無視する学生はいます。幾度か注意をしてやめさせても、しばらく経つと、また操作を始めます。

すると「私はこんなにも真剣に授業をしているのに、なぜ教師に敬意を払わないのか」

ヒュームは考えるということそのものを深く追究し、揺るがせた

という類の思考が頭をもたげ、だんだんと腹が立ってきます。また、その怒りはなかなか収まらず、授業に集中することさえ難しくなるほどです。

どういう原因であれ、自分が大切にしている事柄が傷つけられると、激しい感情が湧き上がってくるものです。

しかし、**そういう感情の波が湧き起こり耐えがたくなったとき、しばらく自我を捨てて心を無の状態にすれば、すぐに怒りは消えなくても、怒りによる生理的な不調はおのずと軽減し消えていきます。**

生理的な不調が改善したあとは、執着しないように努めていれば、心理的にも楽になってくることに気づきました。しかもどんなに大きな波でも、湖に石を投げ込んだときのように、いったんは感情が波立つけれど、しばらくすると平静を取り戻すことができるのです。

私の苦悩について、後でよく考えてみると、実は学生が授業中にスマートホンを操作するのは授業内容を「ググって」いることもあるので、全面的に悪事だと決めつけることはできないのです。

この時代、もはや大学生に対し、授業中のスマートホン操作の禁止を徹底するのは簡単ではありません。それならいっそ彼らの自主性に任せるほうが賢明です。そこで私は頑なだった考えを変え、「スマホ禁止」のルールを取り下げると、苦悩もおのずと消滅しました。

## 自我から解放されれば、生理的な苦痛さえ緩和する

「我執を打ち破る」ことは、心理的な悩みを軽減するだけではなく、生理的な苦痛を緩和することにさえ効果があります。

生理的な苦痛は、時にとても複雑で、痛みそのものを取り除いても、「自我」という観念に起因する苦悩が混じると、より複雑な症状が出てきます。

たとえば足を捻挫した場合、傷の痛みは単純に生理的な痛みなので、「自我」を持ち出さなくても痛いことに変わりはないのですが、ケガをすると、ついマイナス思考に陥ってしまいます。

「なぜケガをしてしまったの？」「なぜ私が？」「なんでこんなにツイてないの？」という具合です。あげくの果てに、ケガをさせられた人を恨んでしまうことさえあります。
そういう考えにはすべて「自我」という観念が含まれており、それが単純な生理的な苦痛の中に入り込むと、人の心情は複雑に変化します。そうなるとマイナスの感情が強まり、痛みが増したり、より耐えがたくなったりするのです。

大学時代、偶然聴いた易学の大家の講演のすばらしさに、一瞬で引きつけられたことがあります。講演後、私は二人の先輩と、教えを乞いに行きました。すると先生は私たち三人のために小さな勉強会を開いてくれることになったのです。それからは週に一度、午前中に易経について語り、共に昼食をとり、午後は心静かに座禅を組むようになりました。
そんなある日、座禅を組んでいたときのことです。心は止水のごとく平静なのに、組んでいる足のくるぶしが痛くなってきて、表情が歪むほどに痛みは増していきました。その時の先生の言葉がいまでも忘れられません。

**「くるぶしは、くるぶしに痛ませておいて、君は、君がやるべき座禅をやりなさい」**

とても不思議な言葉ですが、当時の私は深く考えることなく、ただそれに従いました。

するとどうでしょう。なんと「私」と「痛み」が分離を始めたのです。

相変わらず痛いことに変わりなく「私の痛み」ではあるものの、「私」という観念と「痛み」が分離すると、痛みはもはや邪魔者ではなくなり、まるで外の世界の出来事のように冷静にそれを眺めることができるようになりました。

残念ながら、それ以降は同じような経験はあまりしていません。当時の私は、人生を純粋な学問の追求へとシフトし、座禅を組む時間がなくなったからです。そして私は大学院で学び、修士課程と博士課程を修め、研究論文を発表して准教授から教授に昇格しました。しかし最近になり、静かに座禅を組む習慣を取り戻し、あの言葉に隠された知恵を悟りました。

## ヒュームは「因果」の存在までも疑った

人に震えるような感動を抱かせるヒュームの懐疑には、「自我」のほかに「因果」もあります。つまり、物事の「因果関係」に対する懐疑です。

批判的思考の誤りを識別する訓練に、「軽率に因果を結びつける誤り」という名称の誤りがあります。

人はいとも簡単に二つの事柄を因果関係として関連づけてしまうけれど、それは間違いだという意味です。

たとえば、友人同士や親子、あるいは夫婦関係が悪くなると、簡単に何かに原因を求めようとします。どこかで対応を間違ったせいで関係が悪化したとか、あるいはもっと簡単に性格の不一致のせいにすることもあります。

しかし人間関係というのは、一度の突発的な事件や性格によって壊れるようなものではなく、なんらかの相いれない心理状態が長期間継続し、双方あるいは一方が我慢を強いられ、じわじわと相手に対する感情がすり減っていくものなのです。

最初の段階で何の改善策も講じないまま、一方が我慢の限界に達して放棄を決めたときは、もう手遅れです。そんなとき、関係悪化の本当の理由を見つけられないと、簡単に間違った原因に答えを求めてしまうため、その後の人間関係でも同じことを繰り返してしまいます。ゆえに、人との決裂を繰り返してきた人は、自分が出会った人は、悪い人ばかりだと思ってしまいがちなのです。

このように軽率に因果を結びつけて誤った知識を生み出してしまうことは、日常生活でもよく見られます。

そんなときは懐疑的精神を持ち、間違った知識によって導かれた、間違った思考や選択を減らしていくことが肝心です。

しかしこういう場合の懐疑は、デカルト的な懐疑だといえます。デカルトの主張は「あらゆる事柄を一度疑ってみること」なので、因果関係を軽率に結びつけることによって得た知識も、当然、懐疑の対象になります。

しかしヒュームの「因果」に対する懐疑は、デカルトとのそれとは違います。恐らくデカルトでさえも想像がつかないようなことなので、私たちなども言うに及びません。

**ヒュームは「因果は本当に存在しているのか?」と疑ったのです。**

ヒュームのこの懐疑を正しく理解するのは非常に困難です。私は大学の授業の中でも毎回、ヒュームの「因果」に対する懐疑というのは、「軽率に因果を結びつける誤り」を指摘しているのではなく、「因果」そのものを疑っているのだと強調してきました。

ところがいくら力説しても、学生たちは誤解してしまいます。たとえ授業中やテストの時に正しく理解していても、しばらく時間を置くと元の木阿弥です。久しぶりに授業でヒュームの懐疑を取り上げると、まるで脳内に変換器があり、自動的にその本質を変換してしまっているかのように、間違った解釈が飛び出してきます。

なぜそういう現象が起きるのかというと、恐らく私たちには因果に基づいて思考する習性があり、しかもその因果に納得しているからです。

しかし、ヒュームの考えにのっとり、あらゆる事柄に対し開放的な心を持ちながら、ソクラテスが説いた無知の知を取り入れれば、世界について私たちの知らない知識がいくつあるのか推定することなど絶対に不可能だと思い知るでしょう。

たとえば、いまの私たちが知っている宇宙の真相など、ほんのわずかにすぎず、いま持ち合わせている知識や直感だけで判断しようとしても遠く及びません。そういう現状をふまえ理性的に考えれば、「因果の存在」を疑ってみる価値は十分にあります。そしてひとたび「因果」は本当に存在しないとなれば、私たちは宇宙に対する認識も最初から考え直す必要が出てきます。

## 「因果」は観察も知覚もできない習慣的な思考にすぎない

ヒュームを含め経験主義の学派は、あらゆる知識の源は経験であると主張しています。そして因果に関する知識を検証する中で、ヒュームは、人はいわゆる「因果関係」と称される経験をしたことは断じてないことに気づきました。

せいぜい「ある事柄には常に前後関係がある」という程度なのに、私たちはその前後関係を簡単に「因果」と結びつけ、ある事柄が別のある事柄の発生を「導いた」と認識してしまうのです。

その点についてヒュームは考えました。「因果という観念」はいったいどこからやってくるのか、「因果」は観察できるものなのかと。

**ヒュームの答えは「それを確かめる方法はない！」というものでした。私たちは、どういう因果であれ、それを感覚器官によって知覚したことは一切ありません。**

それにもかかわらず「因果」という観念は、いつのまにか私たちの思考の中に現れ、私たちもそれを当たり前のように活用しています。それだけではなく、世界や万物に対する認識までをもつくり上げてしまいました。しかし、ひとたびその根源を探ろうとすると、「因果」は疑い得るものであることが分かってきます。

もちろんヒュームは「因果は存在しない」とは言っていません。「因果」も「自我」と同様に、感覚器官により観察されたことがないため、その存在は実に疑わしいと言っているのです。

しかし、たとえヒュームが非常に合理的な理由を挙げて因果関係の疑わしさを説いたとしても、多くの人はそれを受け入れられず、理解することさえも難しいのではないでしょうか？　そこで、実例を挙げながらこの問題を考えてみましょう。

私はいま、机の前に座っています。仮に私が手を開いてペンを手放すと、ペンは机の上に落ちます。

そんなとき、私たちは「私の手が開いたからペンが机の上に落ちた」と言うでしょう。つまり「私の手が開く」が原因で、「ペンが机の上に落ちる」が結果というふうに、因果関係として結びつけています。

しかしヒュームは、私たちの感覚器官による知覚は、実際には両者（手が開いたこととペンが机の上に落ちたこと）が前後して起きたという事実を観察できただけで、この前後関係だけでは因果関係は成立しないことに気づきました。

なぜなら、「因果」は明らかに「前後」よりも多くの内容を含んでおり、両者の間に特殊なつながりがあることを示しているからです。

しかし、そういうつながりを観察する方法はなく、私たちはただ、当然あってしかるべきものだという態度でそのつながりを読み解いているにすぎません。そこで「論より証拠」という科学的な立場でこの件を見た場合、そこに因果という結びつきがあることを裏付ける確かな証拠はないと言わざるを得ません。

中には、ペンが落ちた本当の原因は、「手が開いた」ことではなく引力だと反論する人もいるかもしれません。さらに前衛的なインテリなら、アインシュタインの相対性理論を持ち出し、真の原因はニュートンの引力ではなく、空間の歪みだと主張するかもしれません。つまり地球が空間に歪みを生じさせ、ペンはただその歪んだ空間を直線的に前進し落ちたのだと。

この二つの懐疑は非常にすばらしいのですが、どちらも本当の因果がどこにあるのかを探究するデカルト式の懐疑に属します。

一方でヒュームは、「因果関係がある」という根本的な部分を疑ってかかるのですから、私たちは「絶対に原因があるはずだ！」と言い返したくなります。そうでなければ、勝手にペンが落ちるなんてことがあるでしょうか？

**そういう疑問は、私たちの思考の中の「因果観」の根強さを如実に物語っています。もはや因果観に頼らなければ、どう考えていいか分からなくなるほどです。**

しかしこの世界の真相は、私たちが直感的に把握したり、習慣的な思考によって理解したりできるものではありません。もし宇宙の真理が、私たちの理性で把握できる範囲を超えていたとしても、何ら不思議はありません。では、因果を排除してしまったら、ペンが落ちるという現象を理解することはできないのでしょうか？

そうとは限りません。もし習慣的な世界観を捨て、危険を顧みず想像力を牢獄から解き放てば、現象のすべてに原因がなくても、ちっとも不思議ではないことに気づくでしょう。

科学の世界でも、宇宙の始まりのビッグバンには原因がないと多くの人々が認めています。理性的に「原因がなくても宇宙は誕生した」ことを受け入れられるのに、ペンが落ちたことに原因がないとしっくりこないなんて、おかしな話です。

因果というものが、ただの習慣的な思考にすぎず、そもそも存在しないとすれば、この世に受け入れ難いものなどなくなります。

そこでソクラテスの無知の知という知恵を使って思考すれば、自分では思いもよらない関係性を無限に発見することができ、それを使って「手を開く」ことと「ペンが落ちる」ことの関係性をいくらでも説明できるようになるでしょう。

**つまり「因果」とは、その無限の関係性の中の一つにすぎないのです。何より、私たちが「因果観」にこだわる合理的な理由はなく、ただ習慣的にそれを使って世界を読み解いていただけで、それが宇宙の真理とは言えないのですから。**

ヒュームのこういう懐疑は、世の中の人々がすっかり慣れ切っている（本人は慣れ切っているとは思ってもいない）世界観を打ち砕きました。またその懐疑は、「打ち破る（執着を打ち破り煩悩から解脱する）」ことが主要な思考の筋道だとする仏教の理論を超越しています。

一般的に仏教は因果の存在を肯定し、因果応報は必然でありそれから逃れることはできないと説いています。しかし仏教の中観派という学派は、「一切皆空」を主張し、あらゆる事柄を否定しようと試みましたが、因果をも否定すべきか否かを巡り大論争になりました。

それもそのはずです。因果応報がなくなれば、仏教は仏教といえるでしょうか？　しかし結果的にこの論争は、より優れた知恵を追求する契機となり、禅宗で「不昧因果」の物語が生まれたように、仏教理論の発展を促したともいえます。

## ヒュームの視点で禅の公案を解釈してみる

千三百年以上も昔のある日、説法を終えた百丈和尚に、ある老人が身の上話を始めました。実は老人は野狐で、大昔は山中で修行をする僧でした。

この僧は「修行を重ねて悟りを得た人でも因果の巡りの中に落ちるでしょうか？」と問われ「落ちない！（不落因果）」と答えたところ、答えが不正解だったため人をだましたとして野狐にされてしまったのです。

しかしいくら考えても答えに納得できません。修行をした人でも因果に巻き込まれるなら、修行をする意味がないのではないか？　なぜ「落ちない」が不正解なのか、まったく理解できなかったのです。

いわゆる「因果」とは、「因果応報」のことです。原因があるから結果がある。何をするにしても必ず原因という種がまかれ、その原因がなんらかの結果を招くのです。

そういう因果の巡りの中で、人は六道輪廻を繰り返すとされています。しかし、「修行で悟りを得た人」とは、その六道輪廻から抜け出した人なので、因果の影響が及ぶ範囲にはいないか影響を受けない「不落因果」のはずです。

ではなぜその考えが間違っているというのでしょう。百丈和尚が野狐に与えた答えは「不昧因果（因果の法則をごまかさない）」でした。それを聞いて大いに悟った野狐は、礼を言い去っていったそうです。

これは禅宗の「百丈野狐」という公案です。この物語は何を言わんとしているのでしょうか？　歴史的にも大勢の禅僧が異なる解釈をしています。

もしヒュームの視点でこの公案を探究したら、「因果に執着してはならない」という答えが見つかるでしょう。しかしこれは答えではなくある種の態度です。あるいは「答え」と「態度」の差にこだわらないなら、それも一つの答えといえます。

そういう態度がヒュームらしい懐疑であり、決して否定ではありません。しかもそういう「答え」は、直感が言語理解の世界を超えない限りは理解できないので、それを言葉で伝えることは不可能です。

## いま持っている知識の外側には言語では表現できない世界がある

ソクラテスの「無知の知」という知恵を用いて、いま持っている知識の外側をのぞいてみましょう。するとまだ知らない事柄や言語では表現できない世界が存在しているのを目の当たりにし、言語でも文字でもなく、ただ感じることしかできない得体の知れない「答え」が心の中に流れ込んでくるでしょう。

それらは、いま私たちが持っている言語や文字で表現できるレベルを超越していて、もしかしたら真理とはそういうものかもしれません。たとえその「答え」が答えらしくなくても、文字による解答にこだわらず、その「答え」を生活の知恵として活用すれば、きっと哲学的思考も理性の外の世界に踏み出せるはずです。

そんなふうに世界の探検に踏み出したら私たちは、いったい何を発見するでしょう？

実は、すでに多くの人がその世界に到達していて、発見を共有しているのでしょうか？

ただ、言語で明確に説明できるレベルを超越しているので、共有するのは難しいとは思います。興味がある方は、一度、みずから踏み出してみてください。

## もうひとりの著者からの質問〈白取春彦〉

先生が最後のページでお書きになっていた「ただ感じることしかできない得体の知れない答え」とは、わたしたちが日常で出会う藝術、小説や詩、絵画、特に（歌詞のない）クラシックなどの音楽が表現しているものではないでしょうか。

ヴィトゲンシュタインが『論理哲学論考』の中で最後に置いた一行、「語り得ぬこと」もこれを示しているのではないでしょうか。

## 回答〈冀剣制〉

人はある特別な実践を通して新しい経験を獲得します。そして新しい経験は、新しい知識を形成しますが、その知識をこの世に存在する言葉で表現できない場合、実践者は他人（経験をしていない人）とその知識について語り合うことはできません。

芸術や小説などの経験もこの領域に含まれますが、こういう美学の類の経験は、分かり合える人が比較的多いかもしれません。

ヴィトゲンシュタインは「語り得ぬものについては、沈黙しなければならない」と書きました。彼は私と同じことを言っているのだと確信しています。

# 視点を変えて人生を逆転させる

認識が対象に従うのではなく、対象が認識に従うのだ。

イマヌエル・カント

Immanuel Kant
1724-1804

ドイツの哲学者。人は本当の物＝「物自体」を見ることは不可能で、自分の認識によって物自体とは違う対象を構成して「現象」としているのだと考えた。

人生という角度から見れば、「懐疑」は危険な決定を防ぎ、固執による苦悩から逃れるためには有効ですが、「懐疑」することで迷いが生じ、重要な選択を迫られた局面で途方に暮れてしまうこともあります。

## 独断の危険からも、懐疑の迷いからも逃れる方法とは？

授業中、私はよく哲学専攻の学生にこんなことを言います。

「哲学を学ぶのはとてもいいことだけれど、哲学のことしか分からない、いわゆる哲学バカになってはいけません。哲学以外のさまざまな専門分野にも興味の幅を広げれば、人生の役に立つだけでなく、哲学の優位性を発揮してやりがいのある仕事に就くことも可能です」

すると毎回、まるで魔法でもかけられたように、教室が冷たい空気に支配され静まり返ります。授業を受けている学生の大半は、自分の未来が見えず頭の中が疑問でいっぱいだからこそ哲学を専攻しているのに、私の言葉は彼らを混乱させてしまっているのでしょう。あるいは、他の専門分野に手を伸ばそうと思っている学生がいたとしても、何をどう選べばいいのかが分からないのかもしれません。

それは何も哲学専攻の学生に限ったことではなく、就職に有利とされる学部の学生でも行き詰まっている場合があります。すでに専攻分野に対する興味を失っていたり、その分野では他の人にかなわないと気づいてしまったり、とにかく将来どうすればいいのかいくら考えても答えが見つからず、その答えを見つけようと哲学の授業を受けているのです。

それが蓋を開けてみたら「懐疑」の連続攻撃に見舞われるとは思ってもみなかったでしょう。デカルト（理性主義）の「懐疑」により、あとに残ったのは「自我」のみとなり、さらにヒューム（経験主義）に至ると、徹底的な「懐疑」へとひた走り、よりどころとしていた知識の基礎さえも打ち砕かれてしまいます。そして最終的にさらなる困惑を招くことになるのです。

哲学の起源は好奇心です。そしてデカルトが「懐疑は手段であり、真理こそが目的だ」と言っているように、哲学の目的は森羅万象の真理を追求することです。懐疑の価値は、主として独断を打ち破ることですが、思考するうえで多くの人が直面する問題は独断ではなく、それとは逆の自信の欠如です。困難な局面でどう考えればよいか分からず、難関にぶつかっても自分を安心させる考えを探し出すことができません。

カントは十八世紀ドイツの哲学者です。ヒュームの著書を読み、「独断のまどろみが破られた」と宣言したカントは、懐疑の深淵にはまり込むことはありませんでした。そしてカントは、独断を避けつつ懐疑からも抜け出す方法を必死で模索し、新たな哲学の体系を打ち立てるべく努力しました。それはまるで迷い多き人生の中で、不確かな基礎の上に立ち最良の答えを探すようなものでした。

その試みは、聞いただけではまったくどういうものなのか想像もつきません。だからこそカントの業績は哲学史において重要な位置を占めているのです。そしてカントは最終的に絶対的な真理に固執しない、相対的に高レベルで信用に値する哲学を生み出しました。

## 私たちが知っているこの世界は本当の世界の姿ではない

西洋哲学は、ソクラテスをはじめとして理性的な思考を非常に重視し、理性に基づけば、根本的な問題の一切に答えることができるという認識にありました。しかしヒュームは理性というものを徹底的に疑い、その伝統を問いただします。次に現れたカントは、「理性をどうみなせばよいのか」というその疑問に対し、より合理的な考え方を発見し、『純粋理性批判』を執筆しました。

まずカントはヒュームの懐疑に賛同します。しかし「すべての知識は経験からくる」という観点は受け入れず、逆にプラトンやデカルトのように、知識（たとえば因果）を先天的なものであると考えました。先天的でないなら、私たちがそれらの知識を排除しない理由や、異なる文化のもとで生まれ育った人が共通の観念を有している理由を説明できないというのです。

実際、現代の心理学においてもその主張はかなり支持されています。いまでは、言語や知識を習得していない赤ん坊にも、先天的な知識が備わっていることが研究者によって発見されているのです。

たとえば、ビー玉が転がって見えなくなったとき、赤ん坊は興味深そうにそれが「消えた」場所を見つめ続け、時には探そうとさえします。それは、赤ん坊には「物体はわけもなく消えるはずがない」という知識が備わっていることを示しています。ほかにも、三次元空間の認識能力なども先天的な知識であると考えられます。

しかし先天的な知識というのは、本当に正しいのでしょうか。その点について、カントはプラトンやデカルトとは反対に、「正しいとは限らない」と主張しました。

私たちには、先天的な知識が正しいと証明できる合理的な根拠が何もない、というのがその理由です。たとえば因果という知識について、カントは先天的なものと認めていましたが、必ずしも世界の真相ではないとし、現代の科学もその見解を支持しています。

アインシュタインの相対性理論によれば、私たちが先天的に備えている三次元空間の認識能力も間違っています。この世界は実際には四次元なのであって、物理学の理論によってはさらに高次元が存在するとまでいわれているからです。

「あまり喜んではいけない。それは本当のダイヤモンドではない。
あなたも本当の自分ではない。世界も本当の世界ではない」

では、この先天的ではあるけれど正しいとは限らないものとは、いったい何なのでしょうか。カントは、私たちには世界を認識する形式（認識形式）が先天的に備わっていると考えました。実は因果の知識もその一部で、ほかにも時間や三次元空間などもその形式に含まれているといいます。

その観点に基づけば、私たちは本当の世界を認識しているのではなく、本当の世界のあらゆる情報を認識形式に当てはめて、世界を理解しているということになります。

簡単に言えば、**私たちが知っているこの世界は、先天的な認識形式を通して形づくられた世界であって、本当の世界の姿ではないということです。つまり人類は、先天的な認識形式により反映された世界しか知ることはできず、本当の世界を知ることは永遠にできないのです。**

## 私たちは色眼鏡を通して世界を認識している

コペルニクスは、私たちの目には「太陽が地球の周りを回っている」ように映っているけれど、実際は「地球が回っている」と主張しました。

このような革命的な観点を「コペルニクス的転回」といいます。カントは、私たちはいま目の前の世界を認識していると思い込んでいるけれど、実際は、私たちの認識形式が外からもたらされた情報を私たちが認識できる形式に変換したものに基づき、世界を読み解いていると考えました。

たとえば、因果関係の認識形式についていえば、私たちは世界とは因果関係によって成り立っていると思っていますが、実は因果の認識形式を使って世界を見ているにすぎません。言い換えれば、私たちが認識している世界というのは、認識形式が、外からの情報を原料にして加工製造した世界だということです。カントはその考えを「知識上のコペルニクス的転回」と称しました。

カントは哲学体系を否定しましたが、新たに構築もしました。つまり私たちが認識する本当の世界を否定しただけでなく、一歩進んで認識形式に基づく新たな知識を構築したのです。ゆえに「私たちは本当の世界を認識することはできない」と主張したカントの哲学は、いわゆる「懐疑主義」には相当せず、理性の限界を深く考え、私たちが把握できるものを把握しようとする思想なのです。

その認識形式を、一種の色眼鏡だと考えることもできます。私たちは、その色眼鏡を通して世界を見ることで、世界を理解可能な姿につくり上げ、それを認識しています。

もちろん、「形式」であれ「色眼鏡」であれ、認識のしかたをそんな簡単な言葉で例えるのは、安易と言わざるを得ません。

なぜなら、私たちには本当の世界の姿を知る方法はなく、一部の「認識形式」を知っているにすぎない（もしかしたら、ほとんどのことに気づいていない）からです。ゆえに、それをどういうふうに例えるのが適当なのかを議論することは非常に困難です。

とにかく、カントの哲学を生活の中で応用すれば、熟考に値する人生の知恵を三つ発見することができます。第一に、限界を知る知恵、第二に、色眼鏡を活用する知恵、第三に、最良の答えを探す知恵です。

## 神が存在するか否かという問題は、理性で議論できる限界を超えている

カントは理性について深く考えていたとき、認識形式とは、実は理性的思考が到達しうる限界だと気づきました。なぜなら私たちの思考は、それらの形式を超越することは不可能だからです。

たとえば私たちにとって、時間のない存在や空間の中にない物体、また因果関係のない世界を想像することは非常に困難です。だからといって、時間や空間、そして因果関係によって構成された世界が間違いなく本当の世界であると言い切れる根拠もありません。ゆえに、私たちは永遠に世界を理解することはできないということになります。

例を挙げましょう。カント以前の哲学者の多くは、理性により神の存在を論述しようとしていました。しかし理性について深く考えたカントは、次のように主張しました。

「神の定義は無限かつ永遠なので、時間と空間を超越しているけれど、時間と空間は、私たちが森羅万象を理解するための認識形式なので、認識形式を超越して思考することはできない」

**そこでカントが出した結論は「そもそも私たちは神を理解できないのだから、理解できないものが存在するか否かを考えることは不可能だ。私たちが神の定義を変更しない限り、神が存在するか否かという問題は、理性で議論できる限界を超えている」というものでした。**

さらに一歩進んで考えると、私たちには神の存在について語るすべがないばかりか、たとえ本当に存在していたとしても、私たちの想像を超えた存在である神が何を考えているかという問題については、もはや私たちの理解の範囲を超えています。

そういう点でいえば、神の代弁者を名乗る人々が、人類が認識できる範囲内で発展した文字言語を使って神の考えを述べ表すなどということは、実に荒唐無稽なことです。

もちろん、神の考えを理解できる人が存在する可能性はありますが、たとえそうであっても、その一言一句には数多くの前提や隠された脈絡が含まれており、それらを本当に把握できなければ本当に神の考えを理解したことにはなりません。

ゆえに神の意思を伝えるにあたり、たとえそれらの文字言語が神のお墨付きをもらえるほど正確であったとしても、受け手が神の考えを理解していなければ、その人の頭の中でまったくの別物に変化してしまう可能性もあります。

百歩譲って「神の考え」がなんとか伝わったとしても、誤解される危険性は高く、しかも誤解したことに気づくのは非常に困難です。

もはや神を理性の限界の外側の存在と定義しない限り、この問題を避けて通ることはできません。しかしそのような神を神と呼べるかは、はなはだ疑問です。

カントの「まず限界を考える」というこの考え方は、日常生活でも役に立ちます。まず基本的な制約を考え、あらためて何に希望を持てばいいのかを判断します。そして不可能な幻想は振り払い、徒労に終わるような人生に向かうことを阻止すれば、追求する価値のある最高の目標を手にすることができます。

荘子の言葉に「吾《わ》が生や涯《かぎ》りあり、而《しか》して知や涯りなし。涯りあるを以て涯りなきに随《したが》うは、「殆《あやう》きのみ」というものがあります。すべてを知ろうとしたり、あるいは自分が知っていることだけを見て知らないことは何もないと勘違いしたりする人にとって、この言葉は非常にショッキングだと思います。

なぜなら人生には限りがあるのに、知識には限りがなく、限りある人生で無限の知識を追求することはすなわち徒労であると言われているからです。

**そこで、限界を理解して知識を求める方向を修正し、さらに量より質を重視し手に入れた知識を人生の知恵に転換してみましょう。**そういう意識が芽生えれば、ある種の「無知の知」を獲得できたも同然です。自分がちっぽけであることを認め、傲慢な心を捨てれば、自分が追求すべき物事に、より一層専念できるはずです。

私たちは、他人を完全に変えることができないばかりか、完全に理解することさえできません。

他人の特殊な考えに触れ、その理由を分析しようとすると、その考えの背景にある理性的な要素とそうではない要素が複雑に絡み合っていることに気づきます。もしその人を完全に理解しようとするなら、考えの大部分を解明する必要がありますが、それはほぼ不可能です。

他人を理解するということは、常に遠回しにそれとなく探っているようなもので、結局は自分の考えをもとに他人を読み解くことしかできません。ゆえに他人の信念が自分とかけ離れていると、ひどい誤解を生じることがあります。

　ということは、他人を批判しようとするときでも、「この批判には多かれ少なかれ一定程度の誤解が含まれている」ということを自覚する必要があります。

## 色眼鏡を通して見ていることに気づけば認識を変えることができる

　人生における最大の限界は、死を避けられないことです。人は死を恐れ、逃れられないと分かっていても、ずっと後に延ばせば向き合わなくてすむのではと、無意識に逃れようとします。

　ゆえに、不治の病に侵され死が迫っていると知らされると、ほとんどの人が青天の霹靂と感じるでしょう。そうは言っても、人は遅かれ早かれ死を迎える日が来ることを知っていたはずですよね？

そんなときは、ソクラテスの「無知の知」により、「死は恐怖に値しない」という知識があることを推測することができます。またヒュームの「自我への懐疑」によっても、ひとまず自我を手放せば恐怖を遠ざけることができます。さらにカントの「先天的な色眼鏡（知識形式）」をヒントに、「死は悪いこととは限らない」ということに気づくでしょう。

**生まれながらに死を怖がるのは、私たちが「怖い」という色眼鏡で死を見ているからです。加えて「怖い」ことが「悪いこと」だと思っているため、おのずと「死は怖くて悪いこと」だという認識になりがちです。**

しかしその認識には、何も根拠がありません。なぜなら生きている人は死を経験していないし、死んだ人も死の真相を私たちに語ることはできないからです。ゆえに理性的に考えれば、「死は悪いこと」とする観念は、先天的な色眼鏡によるものだということが分かります。そしてその観念が正しいのか否かは、私たちにはまったく計り知れないことです。

言い換えれば、もし私たちがその色眼鏡の作用を発見できなければ、「死は悪いこと」という観念を当然とみなし、本能的に死に抗い、拒み、時には感情的に死から逃げようとさえするでしょう。

しかしカントの「色眼鏡」という人生の知恵に基づいて考えれば、その認識は一変します。死そのものは悪いことでもないのに、私たちが「悪いことの形式」を用いて、死の印象をねじ曲げていることに気づき、その認識が本当に正しいとは限らないと思えるようになるはずです。

## 人生の勝敗にまつわる色眼鏡

人は、富や成功、幸福や快楽を追い求める傾向にあります。そのうえ当然のごとく人生の成功と失敗を測る色眼鏡をかけています。

人は、望むものが手に入らなければ、人生に失敗したと思いがちです。しかしカントの哲学に基づいて考えれば、それもやはり色眼鏡の世界観だと気づきます。

私たちが知らない本当の世界では、そういう価値観が正しいとは限りません。富がなく、成功もせず、さして幸福でなくても、人生に失敗したことにはならないとすれば、人生の最終的な答えとはいったいなんなのでしょうか。それはまるで本当の世界を理解しようとしているときのように、私たちの認識の限界を超えています。

そんなとき、色眼鏡という知恵に基づいて考えれば、さまざまな価値観の不確定な基礎がはっきりと見え、簡単に束縛から抜け出すことができます。たとえ「正しい」人生が見つからなくても、方向性を見直して最も自分らしい人生を探すことができるでしょう。

ある人は、人生は白黒だと言い、またある人は、人生はカラーだと言います。果たしてどちらが正解なのでしょうか。カントの哲学によると、人生の真相は理性に制限されています。私たちはこの人生から逃れられないうえ、さらに視野を広げて比較することはできないので、この疑問に答えることはできません。しかしそのどちらも明らかに色眼鏡に左右されています。**私たちが白黒の眼鏡をかければ、人生はおのずと白黒になります。逆に、色とりどりの人生を望むなら、カラーの眼鏡をかけることが何より大切です。人生がどういうものなのかは、私たちが人生をどう見るかによって答えも違ってきます。**

多くの人は、習慣的に白黒の眼鏡をかけて悲観的に世界を見ています。それが続くとアリストテレスが言ったように、その習慣により内在的な性質が養われます。しかしその内在的な性質は、私たちを幸福ではなく不幸に導きます。ゆえに、視点を変えて世界を見ることを学び、習慣を変えれば、白黒の眼鏡のせいで不幸になった人生を逆転できる可能性があります。

感情は、往々にして物事の善し悪しを判断する色眼鏡になります。そして不愉快なことは、悪いことと判断されがちです。たとえば、お金や才能、能力のある人たちが、自分にはやりたくてもできないことをやるのを見たとき、嫉妬という感情が湧き上がってきます。

嫉妬は、人を不愉快にさせ、無意識のうちに自分を嫉妬させた人を悪者だと決めつける傾向があります。そしてその悪人が災難に見舞われると、愉快な気持ちになるのです。ゆえに大衆は、ボロボロの車を飲酒運転して人身事故を起こした人より、高級車で飲酒運転をして事故を起こした人のほうを厳しく非難する傾向にあります。そのとき、厳しく非難している本人は、自分には正義感があると思い込んでいますが、実はそれは嫉妬心です。

恋人同士が別れを決意したとき、別れたくないほうはショックを受けとめきれず、振られたことを最悪の出来事だと思ってしまいます。そして最悪の出来事を引き起こした相手が悪魔のように思えてきて、悪魔なら消えてしまえとすら念じてしまうのではないでしょうか？

このような感情によってつくられた色眼鏡は、人に間違った判断をさせるものです。カントの哲学の知恵を使って、それは色眼鏡がもたらした認識だと理解できれば、激しい感情に流されることもなくなるでしょう。なぜなら事実がそうだとは限らないのですから。

## 色眼鏡をはずし、いかに人生を歩むか

私たちの人生からその先天的な色眼鏡を除いたら、何か確かなものが残るのでしょうか。もし残らないのなら、どういうふうに生きていけばいいのでしょうか。これだという方向を見失ったときは、新たな方向（人生の意義）を探し目標にすればいいのですが、見つからないと、失望し虚無感に襲われます。そしてタンポポの綿毛のように、目的地も分からないまま茫漠とした人生を漂うことになります。

しかし、それはやはり色眼鏡による人生観といえます。いまこの時を生き、命の存在の美しさを感じられれば、目標など必要でしょうか。人が生まれながらにして目標を欲するのはまさに色眼鏡をかけているからです。私たちは、それに従うべきでしょうか。それともその先天的な色眼鏡を、人生を送るうえの一要素としてうまく活用し、理想とする人生形態をひねり出しますか？

暫定的にすべての色眼鏡をはずすことができれば、人は大きな自由を感じるのではないでしょうか。カントの哲学のように、たとえ世界の真相を理解する方法はなくても、不確かな中にも有益な情報があり、相対的な確かさを構築することはできます。そして私たちも人生において、不確かな基礎という前提のもとで合理的な答えを見つけることができるはずです。それがカントの哲学がもたらす第三の知恵です。

## 不確かな人生の中で最良の答えを追求する

私たちが、確かなものをつかむ方法がないという前提のもとで、理性を働かせて相対的に合理的な答えと処理方法を追求することは、不確かな人生において最も重要な思考能力といえます。

自信を持って生きている人は、そう多くありません。もしそんな人がデカルトやヒュームが主張する「懐疑」の著作を読んだら、ますます自信がなくなり考えることをやめてしまうかもしれません。

そうなると具体的な方向性を求めるあまり、ただ他人の意見に従いたくなってしまいます。しかし決定を他人にゆだねようとするときには、「その人も自分と同じでよく分かっていない」ということを肝に銘じておくべきです。

特にその人が自信家の場合、その思考能力はお粗末なものです。なぜならその人は自分の思考が苦境に陥っていることにすら気づいていないからです。

実は、自信を取り戻すことはそれほど難しいことではありません。自信をなくす主な原因は、「思考の目的は正しい答えを探すためだ」という間違った信念を抱き続けていることです。人生の中で選択を迫られたとき、標準的な答えがないことがほとんどです。それは私たちがまず知っておくべき思考の限界なのです。

人生のさまざまな問題について、理性を働かせても正しい答えを導く方法はありません。それなら努力する方向を合理的な答えを探すための思考に向けるべきです。そうして、間違いをもたらす可能性のある推測の数々を把握すれば、より慎重に思考するようになり、最良の答え（欠点がある可能性はある）を見つけやすくなります。

しかし、最良の答えを追求する能力は簡単に手に入るわけではありません。それは哲学的な思考力であり、一定の時間をかけて鍛えることにより、徐々に習得していくものなのです。そうして思考能力が高くなればなるほど、よりよい答えを見つけやすくなり、人生において励むべき正業に就き心のよりどころを得られるようになります。

しかし多くの人は、この「不確定な中で最良の答えを追求する」という思考力の存在を知らないため、すでに十分な思考力を備えていると勘違いしてしまいます。このような「無知の知」の欠如は、非常に普遍的かつ深刻な問題です。

## 自分の人生は自分自身で定義し、評価する

**まず限界を理解すること、そして各種の認識形式を把握し、さらに能力の範囲内で最も合理的で最適な答えを見つけ出すこと。**これがカントの哲学が教えてくれる人生の知恵です。私たちはその知恵を生活の中で大いに生かすべきです。

人生には限界があるということを理解し、この世には完璧な人生などないことを知れば、過度に期待したり追求したりすることもなくなり、人生を受け入れてみようという気になります。では、どういう人生を受け入れればいいのでしょうか。また何を捨てて何を

持ち続けるべきなのでしょうか。その問いに、標準的な答えはありません。人生の善し悪しは、あなたがどんな色眼鏡でそれを見るかにかかっているのです。

つまり、私たちの人生は、他人や運命に支配されるものではなく、正しいと断定できる方向性があるわけでもありません。私たち自身が定義し、評価し、味わうものです。それこそがカントの哲学がもたらす「人生観のコペルニクス的転回」です。人生の評価を受け身から自分主導に転換し、人生の指揮権を運命から取り返して私たちの自由意志にゆだねようではありませんか。

## もうひとりの著者からの質問〈白取春彦〉

先生は「暫定的にすべての色眼鏡を外すことができれば、人は大きな自由を感じるのではないでしょうか」と書かれています。ところで、この場合の大きな自由とは、禅が紀元前から述べてきた「無分別」のこととほぼ同じなのではないでしょうか。

## 回答〈冀剣制〉

禅の「無分別」は、自我は真実の存在ではないと説いています。すなわち「諸法無我（すべての現象の中にいわゆる我は存在しない）」です。一方、「色眼鏡」という角度から見れば、すべての観念は必然的な真相とはいえないとしながらも、基本的には自我の存在を肯定しています。

己の各種の観念や直感も一種の「色眼鏡」だとした場合、その思考の筋道は「無我」へと続きます。そして世界は存在するのか否か、という疑問が湧いてきます。カントは、物自体（物質の真実の姿）は存在するが、私たちにはそれを認識する方法がないだけだと主張しました。カントの開いたこの道に沿って進み、「認識する方法はない」から一歩進んで「認識自体を手放す」ことができれば、「諸法無我」の「無分別」という観念により近づけるのではないでしょうか。

# 第3章

# 生きるための方法を探れ

# 孤独をみずから選ぶ

幸福は外にあるのではない。
自分の内面にあるのである。

アルトゥール・ショーペンハウアー

ドイツの哲学者。「盲目的な生への意志」によりこの世界は争いに満ち人生は苦となる。そこから逃れるには仏教の解脱が必要だという「厭世哲学」を唱え、ニーチェに影響を与える。



〈白取春彦〉

いかにも哲学的で抽象的な事柄ではなく、**今ここにある人生について中心的に考え続けた最初の哲学者がショーペンハウアーでした。**

しかし、彼は人生経験を充分に積んだ老年になってからようやく人生について語り出したというわけではありません。すでに二十二歳のときに大学の医学部から哲学部に移り、「自分は一生をかけて人生について考える」と決意していたのです。

三十歳のときに刊行した『意志と表象としての世界』（1819）と、その後に書かれた数々の小論には、人生についての新しい観点がたくさん書かれています。

百年以上前の本なのに、書かれていることは現代の多くの人にとってはとても新鮮に映るでしょう。新しいと感じるのは、私たちの考え方がいつのまにかいびつに凝固してしまっているからなのです。

## 何もかもが変転し安定しないのが正常な状態だ

たとえば、ショーペンハウアーは「絶えざる変動こそ、世界の普通の状態である」と述べています。

　これは、世界的に戦争や天災といったものが起きるという意味だけではありません。わたしたちの日常においても、**何もかも変転していくのが普通であり、それがこの生の正常な状態だ**ということを述べているのです。

「安定しないこと。これこそが、この世界に存在するときの型なのである」

　変化こそがすべてだ、としたショーペンハウアーの世界観を聞いて違和感や不安を覚えるでしょうか。それともほっとするでしょうか。

　もし、いやな感じを受けるならば、安全で安定した平和な世界こそ望ましいと考えているからです。しかし、望ましいと考えることと現実はまったく別です。

　確かに戦争の殺し合いよりも平和が望ましいでしょう。だからといって、世界がいつも安全で、自分たちが安心して平穏な生き方ができるべきだという考えは現実的ではありません。しかし、そう考える人が少なくないということは、政治家たちからだまされている人が多いということでしょう。

　というのも、政治家たちは自分こそ平和で安全で、誰もが安心して暮らせる社会をつくるということを大声で喧伝《けんでん》しているからです。そんなユートピア社会など、世界の歴史の中でかつていつどこにあったのでしょうか。

政治家とは自分が地位に就いて高給と高額の年金を得たいがために真っ赤な嘘を吹聴《ふいちょう》し続ける人々だということに多くの人はまだ気づかないでいます。そして、政治家が口にしていることが幻想だということにも人々は気づきません。

なぜそうなのかというと、私たち自身が多くの幻想にとらわれているからです。時代は進歩し、生活や環境がよくなっていくという線形《せんけい》的な幻想*にとらわれているのです。今の自分はまだ充分に社会で活躍できてはいないが、その機会は必ずめぐってくるとさえ思いこんでいます。

実際の人生はそういうふうに上昇し続けるものでしょうか。そうではないはずです。思いもかけないことが起きるし、不運も事故もあります。

これこれこうすれば必ずこうなるというふうにはいきません。どんな年齢にあっても、困難や障害があふれています。その意味で、人生は孤独な戦いでもあるでしょう。

＊現代人、特に若い人は線形的な考え方をするという癖があります。線形思考というのは、どんな物事も順を追って、あるいは段階を踏んで進んだり変化したりするはずだと考えることです。たとえば、論理に沿って考えを進めるのは典型的な線形思考です。

線形思考は、一般的には学校で教わります。線形思考の仕方を教わるのではなく、学校教育の内容そのものが線形思考なのです。だから、線形思考をする生徒がいい点を獲得します。そればかりか、優秀な生徒だとみなされるし、記録もされます。現代の学歴社会とは、線形思考をする人々によって築かれた一種の特異な社会圏なのです。

しかし、線形思考をする人は不慮の出来事や想定外の状況に弱くなります。別の意味では柔軟性がとぼしく、脆弱だということでもあります。もちろん、野性的ではありません。

## この世界では たくさんの「意志」が動いている

それにしても、なぜすべては変転し続けるというのでしょうか。ショーペンハウアーは、「それは、〝意志〟がすべてを動かしているからだ」と答えを与えています。『意志と表象としての世界』というタイトルの中にある「意志」がこれです。

この「意志」とは、私たちがふだん考える意志というものとはまるで異なっています。ショーペンハウアーが使う「意志」とは、自然の中のあらゆる力のことを指しています。したがって嵐や雷も「意志」であるばかりか、生物の生命力、衝動、本能、欲望すらも「意志」だというのです。

この「意志」は生き続けようとして、絶えず動いています。休むことなどしません。自己が増大していくために動き続けてやみません。たとえばエネルギーだけに溢《あふ》れた見えない怪物のようなものが「意志」なのです。この「意志」は私たちの中にもあります。湧いてくる衝動、欲望はもちろん、どうしても自分だけは生きのびたいという気持ちが「意志」の力だというわけです。

自分が何かしたいという気持ちに強く突き動かされたとき、それが現実になされれば充足や快感を覚えますが、これは「意志」の衝動に自分が沿って行動したからだということになります。競争や戦いに負けるのが屈辱や苦しみを生むのは、相手の中にある「意志」に負けたからです。

**つまり、十人がここにいれば、十のそれぞれの「意志」がそこにあり、その「意志」が相手の「意志」に対して戦うのです。**たくさんの「意志」がうごめき、さまざまな「意志」が関わり合い、相手を屈服させたり吸収したり、生殖行為でさらなる「意志」の道具を増加させます。これが世界の絶え間ない動き、世界の変転となります。

私たちはそのような怪物じみた「意志」に動かされているとは考えません。その場での損得計算や理由があるから、それに見合った行動をしていると考えるのが普通です。しか

意志がすべてを動かしている

しショーペンハウアーは、私たちが「意志」からうながされるものだから、それを正当化するような理由や動機を見出しているのだというのです。

ですから、たとえば政治が多くの人を動かすようなときは、その政治の理念や方向性が大衆に理解されたり納得されたりするからというわけではありません。政策や行政が大多数の人々の欲得と利害を満足させるように見えるときなのです。言い換えれば、「意志」に沿っているように見えるときに大衆は反応するのです。

## 意志に沿った眼で見るのをやめれば認識ががらりと変わる

「意志」に沿わないことも苦しみですが、「意志」に沿うことも苦しみになります。なぜなら、いったん「意志」の欲求に沿ったとしても、「意志」からは次々と突き動かされることになるからです。生きている間、「意志」から逃げることはできません。

では、自殺すれば「意志」から逃げきることができるのではないでしょうか。しかし、ショーペンハウアーはこう説明しています。

「自殺は〝意志〟の働きを完全に否定する積極的な行動に見えるだろう。しかしその自殺は、〝意志〟にしたがって自分を殺しているにすぎない。というのも、人間という種の中のとるにたらない弱々しい個を自殺という形で早々に死なせることによって、種の全体の繁殖と膨張のサイクルを促進するのもまた〝意志〟の働きだからである」

では、いずれにしても苦しみを与えてくるこの「意志」から逃げる方法、しかも誰にでもできる方法はないのでしょうか。ショーペンハウアーは、その方法とは「認識を変えること」だと言います。**認識を変えることとは、物事を、世界を、今までのように「意志」に沿った眼で見ないことです。**

たとえば、「意志」に沿う眼で見るならば、若くて健康な異性は性的対象となります。そして、どうしても手に入れたいという欲が動き出しますし、手に入れることができなければ葛藤が生まれます。そういうふうに多くの人は世界にあるあらゆる物事を欲望の対象として見ますし、価値判断します。それこそ、まさしく「意志」の眼なのです。

私たちが住んでいる世間は「意志」の眼によって成り立っています。たとえば商品というものは、各人の中にある「意志」の欲望を引き起こすようにつくられ、宣伝されています。

そして、「意志」の欲望を動かすものの特徴は、若い、美しい、かわいい、強い、セクシー、豊か、均整、などです。それらを追い求めることが経済活動に反映されています。

そういった眼を持たないことが、自分の認識をがらりと変えることになります。これは「意志」の眼で見ないということですから、具体的には価値判断や計算をしたりせずに純粋に、つまり欲望や意欲の混ざらない状態で物事を見るということです。

まだ「意志」に支配されている状態ならば、空腹のときに食べ物を見たりすれば、食べたいとか旨そうだと反射的に思います。それは「意志」の願望の働きです。そうではなく、食べ物を単なる一つの物質として見ることができるようになれば、私たちは「意志」から解放されるのです。

こうなると、私たちは衝動に突き動かされないばかりか、何を眼前にしても動揺しないようになるし、泰然として生きられるようになります。この状態に至った人は、いわゆる悟った人であり、聖人と呼ばれた人と同じであり、かつまた天才です。彼らは眼前のものを見ながら、永遠を見ています。それは天国に住むことと同じなのです。

## みずから孤独を選び、自由を得る

このようにショーペンハウアーは語るのですが、要するに彼が問題にしているのは、私たちを突き動かして苦しみを倍加させている本能や衝動がどこから来たかということです。その理由をなんとか理解しようとして、ショーペンハウアーは「意志」という力の働きを設定して、そこに原因を見出そうとしたわけです。

ですから、ショーペンハウアーはフィクションを語ったということもできます。あるいはまた、ここまで鋭いフィクションを語ったからショーペンハウアーは天才だったということもできます。しかし、「しょせんフィクションが語られているのだから『意志と表象としての世界』の全体が空想物語のようなものにすぎない」とみなすことはできません。

というのも、この主著と彼の小論の細部には人生についてのたくさんの智恵が詰められているからです。宗教の秘密の一端を明かしている部分もありますが、私たちが賢明に生きるために参考になる示唆もとても多く含まれています。しかし、世間の渡り方ではありません。できるだけ平安に生きたい人のための示唆の数々です。その中でも特に有用なのは、やはり孤独（Die Einsamkeit）の勧めでしょう。

孤独という日本語はネガティブな意味合いが強いでしょう。人から愛されず、通常のつきあいすらなく、一人ぼっちで淋しい状況が孤独です。英語にすれば、loneliness となります。しかし、英語にはもう一つの孤独があります。それは solitude です。ショーペンハウアーが勧めているのは、こちらのほうの意味での孤独です。

この孤独には、まず世間の騒がしさから離れるという意味があります。みずから世間に背を向けるのです。これは世間に氾濫しているつまらない価値観や闘争に縛られることから自由になるという意味があります。このことは同時に、あの「意志」の束縛の手からすり抜けるということでもあるのです。

次には単独でいることが solitude ですから、もちろん世間の人々と群れることはしません。群れている限り、人々と価値観を合わせなければいけなくなります。そういう状況から積極的に離脱するのです。これはすぐに得られる自由の一つであり、わずらわしさや社交上の配慮や気兼《きが》ねから解放されることでもあります。そして、enjoy solitude という言い方があるように独りでいることを悠々と楽しむのです。

**もしみずから孤独であろうとしないのならば、結局のところ他人の意見や思惑の奴隷になってしまう日々が続くことになります。**それは「意志」に翻弄《ほんろう》されることですから、いかに多くの苦しみや悩みを生み出すものか、よく考えてみなければなりません。

これを避けたいならば、世間的に生きている他人の群れから物理的に遠ざかること、そうして、できるだけ自分のみの時間を持つこと、すなわち孤独になることが求められます。

この孤独に淋しさは少しもありません。むしろ愉快なほど自由であり、豊かなのです。なぜなら、「自分に備わっている知識や能力が大きいほど、外から必要とするものは少なく、自分以外の人間に頼らなくてもいい」からです。これを言い換えれば、「自分が孤独の状態になったときにこそ、本当の自分がようやく姿を現してくる」ということです。

したがって多くの人は孤独になることを好みません。外からの刺戟《しげき》をいつも欲しがり、孤独でいると退屈します。自分が空っぽだからこそ、一人でいることに耐えられないのです。一方、一人でいることに快適さを感じる人は、孤独でいるときこそ最も生産的になれます。そして、幸福なのです。

「幸福は外にあるのではない。自分の内面にあるのである」

## もうひとりの著者からの質問〈冀剣制〉

他の人々から離れていくと、寂しさ（loneliness）を感じたり、怖いと感じたりする人が多いと思います。孤独（solitude）を楽しめるようになるいい方法があるでしょうか？

## 回答〈白取春彦〉

基本としては、自分の中身を充溢させておくことだと思います。ふだんから、たくさんの疑問、たくさんの関心を持っていれば、それらに関わるためにいくら時間があっても足りない状況になります。つまり、退屈や孤独を感じる余裕などないということです。

したがって、solitudeである孤独は閑散《かんさん》とした時空間などではなく、おのずと濃密で贅沢《ぜいたく》な時空間になります。この時空間を充分に生かし、現実にも有効な生産をしている人たちの典型例は、いわゆる物書きや研究者でしょう。

彼らがsolitudeの中で活発に生産するために必要とする最低限の状況は、静寂、そして外から干渉されないことです。

さらにもう一つの最重要な条件は、自分の心が静かであること（つまり、感情や罪悪感、諸事情の嵐にまみれていない状態）です。対象にのみフォーカスできるというこの状態にあって初めて、洞察や発見が生まれてくるからです。

# ひたすら自由に生きる

自分自身に関わる行為については、
人は絶対的に独立している。
自分の体、精神、思想については
自分こそ主権を持つ者なのである。

ジョン・スチュアート・ミル

John Stuart Mill
1806-1873

イギリスの哲学者、経済学者。ベンサムの功利主義思想を信奉したが、快楽の数量化に疑問を持ち、数量より質を重視し、肉体的快楽より精神的快楽を質の高いものだと考えた。

「ぼくたちは自由に生きていいんだよ。まったく自由にね」

「制限なく自由ってことか？」

「そうだよ。好きなことをしていいんだ。自分がしたいことを勝手にしてもかまわないんだ」

「じゃあ、気に入らないやつを殴《なぐ》ったり、殺してもいいのか？」

「それは犯罪というやつじゃないか」

「だって、好きなふうにしていいんだろ？」

「そりゃあそうだけど、他人を害さない限りにおいてだよ」

「そうだよね。誰かに迷惑をかけてもかまわない自由というのはやっぱりおかしい。だいたい法律にも触れることだしね」

「すると、こういうことか。法にしたがってさえいれば、自由だってことかな」

「とりあえず法にしたがっていれば逮捕されたり拘束《こうそく》されたりすることがないんだから、法の範囲内では自由だということになるね」

「じゃあ、自由の範囲は法が決めてるってことだ」

「たぶん、社会的自由の範囲は法律が基準になると思うよ。あとは社会の習慣とか……」

「その法律は、誰がこしらえる？」

「議員たちだろ」

「そうだよね。すると、ぼくたちの自由を決めているのは議員たちだということかな？」

「まあそうだけど……。ちょっと待ってくれよ。他人から、ぼくらの自由を決められるって、何かおかしいな。……いや、この場合は法的な自由ということか」

「じゃあ、ぼくたちの本来の自由はどこにあるんだろう？」

「本来の自由……か。えっ、本来の自由なんてものはあるのかな」

「もし、本来の自由というものがないとしたら、議員がぼくらのために法をつくってくれない限り、ぼくらには自由がないということなのかな」

## 自由主義社会に属していれば本当に自由が保障されているのか？

このような日常のたわいのないおしゃべりではなく、自由についてあれこれ語るということは、今の時点においてなにがしかの束縛を感じているからでしょう。では、親や保護者の庇護《ひご》から抜け出て社会人として自立したとき、初めて自由を感じることができるのでしょうか。

おそらく、経済的にはかなりの自由を感じることでしょう。しかし、自分の生き方としてはどうでしょうか。社会に出てみて初めて、それまで体験しなかった社会人としての不自由さを初めて知るのかもしれません。

それでもなお、自分の属する社会が自由主義社会だと看板をかかげていれば、とりあえずは各人の自由は原理的に保障されていて、実際にも自由であるような社会環境だということになるのでしょうか。本当にそうなのでしょうか。

それにしても、そもそも自由とはいったいどういうことでしょうか。

産業革命が盛んだった十九世紀イギリスに生きた哲学者ジョン・スチュアート・ミルは、著書『自由論』(1859)の中で、昔からの政治と自由の関わりを簡単にたどっています。

それによれば、昔の為政者はしばしば暴力的でもありうる支配者であり、彼らは強力に支配する一人、もしくは一種族や一階級であることが多く、その支配の根拠と継承は征服や血統、世襲《せしゅう》に由来していたといいます。

つまり、支配者の権威は被支配者の意志によるものではなかったのです。そういう状態にあって、被支配者の自由はかえりみられてはいませんでした。

やがて、支配者が社会に対してふるってもよい権力に人々が制限をつけるようになりました。その具体策の一つが、憲法によって支配層の行動を制約することでした。

そして、そういう制限をすることが、支配される側が行使できる自由の一つだったのです。まだ、支配層と一般社会の人々は敵対関係にあったのです。

時代が進むと、権力が被支配者の不利になるよう濫用《らんよう》されないために、為政者は被支配者から委託された者、あるいは代表者であるほうがましだと考えられるようになりました。そこで、選挙によって支配者を立てるようになったのです。この支配者の権力と地位は期限付きです。

為政体制がそういう形になってくると、政府の権力は、国民自身の権力が集中化された使いやすいものになってきます。これが民主的と呼ばれる政治権力体制の始まりです。

## 民主的な社会では「多数者による専制」が横行する

選挙が行われる民主的な自治の社会へと変わったから、被支配者だった各人は晴れて自由になったといえるのでしょうか。ミルはまったくそうではないと考えました。なぜならば、今度は「多数者による専制」が横行するようになってきたからです。

**つまり、自分たちのつごうで権力を行使する民衆と、その権力を行使される側の民衆は実際には同じ人々ではありません。そして自治とはいうものの、治める者と治められる者との分離が生まれてきていました。**

さらに、民主的な自治だからどの人々の意志でも反映されると思いきや、現実にはそうなりませんでした。自分の意志が社会で行使できるのはその人々の中でも最も活動的な部分に属する人、すなわち圧倒的多数者、もしくは自分たちを多数者として認めさせることに成功した者たちだけです。彼らの意志だけが社会政治において反映されることになります。

それればかりか、その多数者が自分たちの意見や考え方の拡大を追求することによって、多数者ではない残りの人々の意見を圧迫するのです。これが「多数者による専制」ということです。

多数者によるこの専制は、まさしく社会の専制です。

これは多数者のための法や制度ばかりがつくられるという意味ばかりではなく、多数者が傲慢《ごうまん》な社会そのものとなり、社会が関与すべきではない事柄、特に少数者個人の思想や生活についての事柄に干渉《かんしょう》したり、静かで重い圧迫を加えるということです。

ミルは、社会からもたらされるこの干渉について、「刑罰などよりもはるかに深く個々人の生活の細部に食いこんで魂までもしたがえさせ、そこから逃げることができないようにさせる」とまで表現しています。

**こういった過干渉や同一化への力はなにも特別なものではありません。それは、いわゆる多数の考えや価値観、世論、一般的な感情や感じ方、普通の習慣、因習、宗教的慣例などのことです。**

これにしたがわない人は白眼視され、自分なりの生活がしにくくなります。障碍《しょうがい》や衝突の少ない生活を送ろうとするならば、社会一般でなされている慣行に沿って調和しなければなりません。社会が許容する範囲をはずれた個性的な生き方など社会的犯罪であるかのようにみなされてくるのです。

多数者専制の状態にあっては、模範は常に現行の社会になります。その社会的模範に近いほど、まともな市民とされるのです。こういった価値判断による個人の生き方への強い浸食は、専制や圧政でふるわれる暴力以上となることがしばしばです。

しかしながら、多数者によるこのような社会性の強要はとりたてて悪意から発せられているというわけではありません。むしろ、社会で行われている慣習や常識、規則は多数者の彼らにとってあまりにも自明で正しいものとされているのです。

もちろん、自明で正しいと思われるのは根拠のない錯覚にすぎません。その中身は習慣や迷信であり、その奥深くにあるものは偏見、感情、羨望《せんぼう》、嫉妬《しっと》、利害、優越感、自分たちだけの伝統、傲慢《ごうまん》や侮蔑《ぶべつ》であり、総じて多数者の成員の利己心です。

その利己心が自分たちの正常な理性とみなされ、またその利己心を土台に社会的倫理なるものが形成されているというわけです。法ですらも多数者を中心とした世論から生まれてきたものであり、その法に偏向があるのは多数者の好き嫌いや憎悪が土台になっているからなのです。

したがって、実質的に強いのは法よりも、多数者による世論なのです。

多数者が少数者の意見を圧迫する

# 伝統的な価値観が透明な束縛となっている

多数者の世論に含まれて重きをなしているのは彼らの宗教から派生してきた倫理観や世界観です。その倫理を基準として、多数者は、許される生き方と許されない生き方が社会において堅く決められていると考えるのが普通のことでした。

といっても法のように明文化されたものではなく、いわゆる伝統的な生活や宗教的価値観が不文律の基準となって人々の暮らしの中に浸透していました。当時のヨーロッパでは主にキリスト教の教会神学から派生してきた生き方です。

キリスト教神学はキリスト教こそ真理だとして、人生における多くの物事の価値や意味、何が善であり何が悪であるかを聖書の記述を証拠として定めました。教会はこれを神からの命令だとしました。神の言葉だから絶対的な真理だというわけです。

名目や形式の上であろうともキリスト教徒である限り、庶民はこの神学的道徳にもしたがうのがまっとうな生き方だとされました。もちろん、その道徳を人々は（文字を充分に読むことができない人が多数だったため）教会での説教やその言い伝えを通じて知るわけです。

その道徳と世間的習慣の混じったものが庶民のしたがう実際的な道徳でした。

教会からもたらされた倫理は具体的で、個人の私的生活にまで干渉《かんしょう》するものです。たとえば、教会倫理は性生活にまで言及していました。夫婦であっても性交ができるのは火曜日と水曜日だけで、それも教会の祝日にあたっていない場合のみとされていました。

性交は、仰向けに寝た女性の上に男性がかぶさる形の「正常位」でなければなりませんでした。いわゆる背後位《こうはいい》や立位《りつい》は獣や悪魔の好むおぞましくも呪われた体位であり、これを行えば、奇形や身体障碍《しょうがい》のある子供が産まれたり、ハンセン氏病にかかるとされました（アンナ・アルテール　ペリーヌ・シェルシェーヴ『体位の文化史』作品社）。正常位が英語でmissionary position《宣教師の勧める性交体位》と表現されるわけがこれで分かるでしょう。

医師たちも教会神学から発せられるこういうエセ倫理の影響を受け、一回の性交時間はできるだけ短くするようにと患者に勧め、回数はせいぜい月に一度くらいであり、六十歳を過ぎたら禁欲しなければならないとしていました。

宗教権威からのこういう干渉はユダヤ教も似たようなもので、モーゼの律法とその解釈を収めた聖典『タルムード』の記載を根拠として、夫婦は宗教的休日（安息日《あんそくにち》）の翌日は性交するよう義務化し、その他に階級ごとに労働者は週に二回の性交、上流の有閑《ゆうかん》階級は毎夜性交しなければならないとされていました。

カルヴァン派の流れを汲むプロテスタント教会においては、「義務でないものは何であろうとも罪である」と教えられ、そして信者の義務とされるこまごまとした生活の倫理が神からの命令として教えられました。たとえば神の恩寵《おんちょう》を受けている人はすでに豊かになっているはずだという運命の脅しのような貧富の差の考え方を浸透させるなどして、庶民の生活の価値観や人生観にさまざまな縛りを与えてきました。

実際にそういった権威から発せられたものが世間の多数者の価値判断の土台になってきたのです。そして全体として人々の価値判断は、所属する宗教の信条や教えと自分の属する階級の世俗生活の利害との間で妥協したレベルのものになります。

あるいは何か偉そうな肩書のある他人の指示を求め、その指示に微塵《みじん》の疑問を持つことなくしたがうのです。なぜなら、「みんながそうやっていて生活に格別の支障がないから」なのです。

権威や権力からもたらされた道徳や価値観がより強い支配のための透明な縛りになっていることは、普通に付和雷同《ふわらいどう》することで世渡りをしている人々にとってはなかなか容易に意識されません。なぜなら、昔からの習慣としてその地域に根づいたものの一つになじむことになるからです。

**そうなると人々の考えや行いがいっそう一様になってきて、多数者による権力はますます支配と操縦がしやすくなるし、正当性を主張しやすくなります。この状態は、圧政や独裁の政治形態でなくても、自由を標榜《ひょうぼう》する現代の民主主義国家においても同じです。**

権力のそのつどの都合から発せられた法や、その法に沿った生活の仕方がいずれは国民の習慣、生き方や倫理の常識、「世間の決まり事」となって、私たちの自由を柔らかく、かつ強固に縛るのです。

ですから、独裁や圧政という体制ではない場合でも、民主政治の中に堂々と多数者による圧政が行われているのだとミルは語っているのです。

## 個人が個性を発揮して生きれば、社会全体も幸福になる

ところで、ミルは一般的に「功利《こうり》主義」の哲学者と呼ばれています。

また、ミルに少なからず影響を与えた哲学者ジェレミー・ベンサム（Jeremy Bentham 1748～1832）も功利主義者と呼ばれています。

そして、ベンサムは「最大多数のための最大幸福」という特徴的な表現で知られ、ミルは「満足した愚か者よりは、不満足なソクラテスでいるほうがずっとましだ」という表現で知られています。

しかし「功利主義」とはいったい何を意味しているのでしょう。もし、普通の会話の中で、「あの人は功利主義者だから」という発言があれば、それは「あの人は狡猾《こうかつ》だ」ということをほのめかしています。あるいは、自分の利益のことしか考えていない自己中心主義者という意味合いにもなります。

日本語で「功利主義」と表現されたこの言い方は、実は英語原文の utilitarianism からの単純な翻訳です。ところが、utilitarianism という言葉には功利主義という意味ばかりではなく、「実利主義」とも「公益主義」と訳してもかまわない意味が含まれているのです。

というのも、この場合の「利」とか「益」は必ずしも金銭的利益のことを意味していないからです。むしろ、個人が自分の社会全体の益になること、あるいはまた全体的な福祉《ふくし》をも意味する広範囲な言葉が utility なのです。

ミルの『自由論』をじっくり読めば、そのことが分かってきます。なぜならば、「社会全体の幸福のためには個人の個性と能力の発揮こそ有用だ」とくどいほどに主張されているからです。ですから、内容の重点度に沿って名称を与えるならば、ミルの哲学はむしろ「個人主義を重視する哲学」でしょう。

注意すべきは、この個人はどんな人にも当てはまる意味での個人という一般的な使い方をミルはしていないということです。

ミルが個人という名詞を使うとき、それは充分に成熟した自立した個人を指しています。ミルが『自由論』で使う「個人」とは自律性と主体性を持った個人のことであり、したがっていつも individuality with sovereign なのです。

この sovereign とは主体性とか統治という意味です。また、sovereign は君主、国王、主権という意味をも持っています。

私たちは主権という言葉を聞くと、政治的な用語だと思うようになっています。というのも、多くのマスメディアを通じて主権という言葉を聞き、マスメディアは政治的な用語としてのみ主権という言葉を使っているからです。

ところが、ミルが使う場合の主権（sovereign）は政治的な意味ばかりではありません。多くの場合、私たち一人ひとりにも自分の思想、倫理、行動について主権があるという意味でミルは使っているのです。

それに with がついている個人（individuality）だから、世間の風潮に流されるような人のことではなく、自分自身を充分に統治している人格であり、いわば自分なりの思想、生き方を持っていて、それを実行している人のことを指しています。

では、私たち個人の主権とはいったい何でしょうか。それは、できる限り自由な自分自身であることです。

したがって、世間の慣習や伝統的宗教が求めるままにふるまっているような多数者は、自分自身として生きていない人です。付和雷同して世間に流されているような人も自分自身を生きてはいないことになります。

そうではなく、誰からもまったく邪魔されず、指示されず、縛られず、自分自身を生きている人こそが自分自身を生きているのです。そういう人は、自分の個性と能力を他から抑制されることなく使って思いのままに生きているはずなのです。

したがって、ミルは功利主義の哲学者というよりも、「主体性のある自立した個人主義」

の哲学者なのです。

そして『自由論』ではこういう意味での個人が「それぞれの個性を発揮させて生きることが、結果的には社会全体に貢献することになる」と述べられています。そうでなければ、みんなが平凡な中にとどまり、社会はいっこうに進歩していかないからです。

そして、**「国家や体制はこういう個人の思想や行いが他人に危害を与えない限り、その人の個性として尊重すべきである」**とミルは主張しています。これは、現実の権力である社会全般への強い要求でもあります。

## 各人が自分のしたいように自由に生き、自分の能力を発展させる

人はいつも社会にしたがうべきだとミルがつゆとも考えていないことはすでに明らかでしょう。人は社会という枠組みの成員でありつつも、現実の中では自分自身の個性の君主でなければなりません。ミルはこう述べています。

「人の自分の行為の中で、どうしても社会にしたがわなければならない部分は、他人に関

係せざるをえない部分だけである。自分自身に関わる行為については、人は絶対的に独立している。自分の体、精神、思想については自分こそ主権を持つ者なのである」

このようにふるまうとき、人は自由なのです。

自由が標榜《ひょうぼう》されている社会であっても、思想の自由、嗜好《しこう》の自由、職業の自由が無条件に尊重されていないならば、自由は存在しません。独裁者が支配する社会であっても、これらが尊重されていれば、そこには人間の自由があります。

さらに、**人間には自分の幸福を追求する自由がなければなりません。これは各人の嗜好や生き方の自由のことです。**

個人の生活スタイルがやんわりとした形であれ結果として強要されるような社会ならば、そこには自由はありません。したがって宗教から発した道徳感情がとても強い地域、宗教的厳格主義が公然の道徳として支配している地域などにミルの考える自由はないことになります。

宗教、特にキリスト教とそこから派生した倫理道徳については、ミルは嫌悪感を隠してはいません。なぜなら、すでに見たように、キリスト教倫理は人の自由を縛る役目を果たしてきたからです。ミルはキリスト教についてこのように並べ立てています。

「この道徳には、行いの禁止事項があまりにも多い」

「禁欲主義を偶像化している」

「キリスト教道徳は服従の義務ばかりで、結局のところ既成の権威と権力への服従を説いているだけだ」

「聖書の道徳には、文字通りの解釈が不能なものがあまりにも多い」

「これまでに最も高貴で最も価値ある道徳の教えのほとんどは、キリスト教を知らなかった人々、あるいは知っていてもキリスト教を拒絶した人々からもたらされた」

そしてミルは、キリスト教倫理のほかにもっと高尚で普遍的な倫理が確立されるべきとも考えていたのです。


私たちの自由と幸福のために、ミルは次のようなことを主に主張しています。

**・多様性は悪ではなく善だということ。**――同じ意見で満場一致するのではなく、さまざまな意見があるほうが全体にとって有益です。反対意見の中にも必ず重要な正しさが隠れているからです。

・**多様性が善であるから、自由で多様な生活もまた許容されるべきだということ。**——どんな奇妙な個人生活であっても批判されるべきではなく、他人に関係しないことであるから、それぞれの個性のままに生活してよいのです。

・**個々人の個性の自由な発展こそ、個々人の幸福に直結するということ。**——現在あるがままの生活に満足せず、自分のしたいように生活することで自分の新しい幸せが得られます。それは自分の能力の発展にもつながっていきます。

・**選択をして生きるということ。**——漫然として他人の真似事をする習慣を持ってはなりません。そのつど、自分なりに考えて選択して生きることです。なぜならば、自分なりに考えて選択することによって、自分の能力が発達するからです。

・**誰もしなかったことを自分がするのを恐れないこと。**——そうすることによって新しい喜びと自由を得ることができるし、社会に新しい風を吹き込むことができます。

要するにミルは、誰もが新しく変わりうることを確信しているのです。

**そのキーは自分の生き方に自由を与えることです。自分自身が自分にそうするだけではなく、社会もその個人の自由を権利として認めて、干渉してはならないのです。**

個人の自由に外から干渉したり阻害したりすれば、結果として社会全体の進歩と幸福を阻害することになります。
そのことは過去をふり返れば分かるように、社会の常識や慣例からできる限り自由であった人々こそ社会全体をよくすることに貢献してきたのです。そういう彼らを、普通とは異なった奇人として遠ざけて疎外してはならないのです。

宗教による厳しい倫理に馴らされてきた人はしばしば自分の素直な感情や気持ちを抑えがちですが、ミルは感情ばかりか個人的な願望までもが信念や自制心と同じように完全なる人間の一部分とみなしています。

したがって、感情や気持ちが何か悪いことを誘発する危険性はあるものの、それ以上に善をもなしうるということに賭けているのです。

**つまり、ミルは人間に深い信頼を寄せているのです。**彼は自分の人間観をこう表現しています。

「人間は機械ではない。一本の樹木のようなものだ。生命力に満ちた内面にある力の勢いにしたがって、あらゆる方向へと枝を広げてゆく。そして、みずから成長し大きくなっていくことを求めているものである」

自由が、人間という樹木を育てるのです。

## もうひとりの著者からの質問〈冀剣制〉

大学生たちはもうすでに大人ですから、教師として、彼らのライフスタイルを尊重すべきだと思います（他人に影響を与えないことを前提として）。

しかし、学生たちが真面目に勉強しようとしない場合はどうでしょうか？　教師が積極的に彼らを変える自由はあるでしょうか？

## 回答〈白取春彦〉

ミルは、一人ひとりの人間はそれぞれに成長する樹木のようなものだと考えていましたから、教師ができるのは、その樹木がよく成長できるように水を与えてあげる程度のことだと思います。

それは学生に直接的に力を与えることにはならないでしょうが、少なくとも学生に強制とは反対の「解放」を与えることにはなると思われます。その水の与え方が、教師の最大限の自由ではないでしょうか。

# 自分の倫理は自分で決める

各人は、善を、自分だけの倫理道徳を、みずからで発見せよ。

フリードリヒ・ニーチェ

ドイツの哲学者。キリスト教から生まれた価値観と倫理を奴隷的なものだと批判し、与えられた価値観ではなく、自分なりの倫理を見出して、悔いのない人生を送ることを主張した。

〈白取春彦〉

今この世に生きている若い人も老いた人も、なんとなく抑圧感を覚えているのではないでしょうか。あるいは、いつも誰かから頭を押さえつけられているような感じを覚えているかもしれません。

それは現代に生きる人だけに限ったことではありません。昔の人も、その時代に生きて抑圧感を覚えていたのです。

それは物理的な圧迫、たとえば国境、身分や階層、強制的な行政といったもののほか、精神的な圧迫、たとえば宗教に立脚した倫理、伝統や因習、地縁や血縁による人間関係といったものがあったからです。

現代は自由や民主主義が高く謳《うた》われてはいるものの、圧迫がまったくなくなったわけではありません。さらに学歴やキャリア、あるいはまた現代にある眼に見えない道徳倫理のように、圧迫してくるものの種類がむしろ昔よりも細分化されていっそう増大したともいえるでしょう。だから、多くの人が依然として息苦しさを感じながら毎日の生活を送っているのです。

## 偽りの楽しみと本物の楽しみ

ふだんの生活や仕事がとにかく息苦しく感じられるから、いわゆるウサバラシをしようとします。そうして、享楽《きょうらく》を求めることになります。しかし、この享楽とは本物の楽しみではなく、いっときの現実からの逃亡を錯覚させるための偽《いつわ》りの楽しみにすぎません。

なぜ、享楽が偽りの楽しみなのでしょうか。それは誰でも買うことができるからです。享楽というものはすべて、人の心理動向を熟知する商人によって値段と場所があらかじめ決められており、楽しめる時間が制限されています。ディズニーランドのようなテーマパークはこの典型です。

では、偽りではない本物の楽しみとはどういうものでしょうか。

それは、享楽とはちょうど反対側に位置している楽しみです。この「享楽」という文字をよく見つめてください。「楽しみを享受する」と表現されています。つまり、外から与えられるのです。自分から手を伸ばさないという意味で、消極的な楽しみだといえます。

その反対に位置する本物の楽しみは、積極的な楽しみです。どうして、積極的なのでしょうか。**みずからの能力をもって関わるという積極性がともなっている場合だけ、自分が楽しめるものだからです。**

読書も本物の楽しみの身近な一つでしょう。文字を読み、理解し、ありありと想像するというのはあるレベル以上の人間だけができるとても積極的な行為であり、自分に備わっている能力をフルに使うことだからです。

だから、料理の創作も一般的なスポーツ（スポーツ観戦ではなく、自分がスポーツする場合）も享楽ではなく、本物の楽しみたりえるのです。

しかし、享楽であろうとも本物の楽しみであろうとも、圧迫感の強い生活のウサバラシのために行っているならば、それは現実からのいっときの逃避にすぎません。

## 権力体制は個人の内面にまで管理の手を伸ばしてくる

現実から逃避したところで、現実からの圧迫が消えるわけではありません。楽しみは時間が経てば終わり、また現実に引き戻されていきます。そして再び周囲からいつも抑圧される感じを覚えながら生き、働いていかなければなりません。

こういうふうに、多くの人が、自分たちは本当に自由ではなく、どういう生活圏においてもあらゆるものに縛られていると感じているのです。

二十世紀のフランスの哲学者ミシェル・フーコー（1926～1984）もそう感じていました。そしてこれまでの歴史の中で人はどのように支配、圧迫されてきたかを調べました。その結果、われわれに息苦しさを与えているのは「規律権力（人の生に及ぼす権力。縮めて「生《せい》権力」ともいう）」だということを見出したのです。

この規律権力とは、人々があらゆる意味での規律や規制を上から与えられ、その枠内でのみ生活と行動をしなければならない状態をつくる力のことです。もちろん、この力を持っているのは当座の権力者や政府です。彼らにとって、それこそ現代的な統治の力と方法なのです。

もっと簡単に言えば、権力体制は社会的な縛りにとどまらず、人々の内面生活に手を伸ばし、個々人の生き方や考え方までをもコントロールして管理下に置こうとしているということになります。

具体的には、教科書の内容をすみずみまで検閲することによって、得られる知識の傾向と枠組みを都合よく限定しようとします。そしてまた、新たな細かい法制度によって遠回りした形で倫理や常識の土台をつくり、総じて人民の価値観と考え方と行動を支配しようとします。

それらのことは少しずつ世の中の風潮となって蔓延《まんえん》し、いつのまにか私たちの当然の常識となってしまいます。これこそ、権力の浸透《しんとう》であり、私たちの生に及ぼす権力の効果なのです。

## ニーチェが言いたかったたった一つのことは「自分なりの価値を創造せよ」

ミシェル・フーコーがこういう鋭い視線を持って統治の歴史の一側面を発見することができたのは、彼がニーチェアンだったからです。

ニーチェアンとはニーチェのファンという意味であり、フーコーはこのフリードリッヒ・ニーチェから強い影響を受けたのでした。そして、ニーチェこそ世間に横たわっている価値観を根底から疑った最初の人だったのです。

ニーチェといえば詩的な著書『ツァラトゥストラはかく語りき』に出てくる「神は死んだ」という衝撃的なセリフばかりが有名になってしまっていますが、彼の全仕事を見渡してみれば、結局はたった一つのことを言いたかったのだと分かります。それは、「それぞれが自分なりの価値を創造せよ」ということでした。

では、なぜニーチェは「それぞれが自分なりの価値を創造せよ」と言うのでしょうか。「あらゆる物事の価値は自分が生まれる前からすでに決まっている。たとえば、貧乏よりも金持ちのほうがすぐれているといったふうに」

もし、あなたが本気でそのように思うのならば、これからも面白みのないありふれた人生が待っていることになります。

というのも、物事の価値がすでに決められているのならば、その価値の鋳型《いがた》に自分を当てはめる人生を送るという態度になってしまいやすいからです。

実際、そういうふうに生きている人がこの世にはたくさんいます。なるべくいい学校を出て、いい会社に入り、普通よりもいい暮らしをして、普通以上の幸福を感じて生きるという人生。それがいわばまっとうな人間の生き方であり、多くの人から賞賛されるに値する生き方だと思いこんでいるからです。

しかし、ニーチェはそういう生き方に反対します。**ニーチェは逆に、「もっと危険な人生を、もっと自分の個性で赤く染まった人生を、もっとも自分がいきいきとするような生き方を送れ」と主張してやまないのです。**

しかし、なぜニーチェはデンジャラスで、かつエゴイスティックにしか見えない生き方を勧《すす》めるのでしょうか。ニーチェは無責任に人を煽《あお》る危険な男なのでしょうか。だからやっぱりニーチェの思想は危険だとみなす人も少なくありません。

しかし、その見方は誤りです。ニーチェはみんながそれぞれ自分なりの人生をめいっぱい生きつつ常に新しい自分を発見していけるようにするためにそう言ったのでした。では、そんなことを言うニーチェはいったい何をどう考えているのでしょうか。

「それぞれが自分なりの価値を創造せよ」

# 本能や欲望を否定する倫理道徳は人間の生命力を弱体化してしまう

当時、ニーチェは『反キリスト者』(1895)という本を書いて、キリスト教を批判しました。大多数の人がキリスト教徒であったヨーロッパにあって、このタイトルはあまりにも悪魔的で挑発的でもありました。

多くの人は自分たちの伝統と倫理を逆撫《さかな》でされたように感じたのです。結果、ニーチェは顰蹙《ひんしゅく》を買い、無神論者のレッテルを貼られることになりました。人々がそういう判断を下したのは、『反キリスト者』というタイトルから内容を類推したからです。

実際には、ニーチェはキリスト教徒を批判したわけではありませんでした。また、イエスと呼ばれた男の言動を否定したわけでもありません。いや、むしろ逆にイエスについては、それまで誰もなしえなかったほどの深い同情を寄せていました。

ニーチェが批判したのは、「神学者や聖職者たちが新約聖書をダシにして勝手な倫理道徳をつくりあげ、その倫理こそ真理だと決めつけてしまったこと」に対してなのです。つまり、キリスト教の神学と、そこから派生してきた倫理道徳を批判したのです。

この倫理道徳はキリスト教会での説教を通じて人々に広く浸透《しんとう》し、キリスト教徒の常識、同時にキリスト教世界の常識となってきたものでした。しかしながら、神学から生まれたこの倫理道徳は人間に生まれつき備わっている自由や溌剌《はつらつ》さを縛って抑圧するものでしかありませんでした。

なぜなら、キリスト教の倫理道徳では強い者は必ず悪であるとされるほかに、健康な人間が生まれながらにして持っている動物性やエネルギーなどのことごとくがよくないものとされているからです。

たとえば、本能が導く自由な恋愛はまったく好ましくないし、すでに結婚している男女の場合でもセックスで快感を得ることはよくないとされていました。ただし、夫婦の性愛は子孫を残すための必要悪であり、もっとも好ましいのは生涯にわたって貞潔を守ることだとされていました。

もちろんニーチェがそういうふうにことさらキリスト教道徳による性欲の禁止について細かく述べているわけではありません。もっとマクロな視点からの物言いをしています。

たとえば、「人の生にもっとも有害なものが、この倫理道徳においては〝真理〟と呼ばれているのである」（『反キリスト者』）といったふうな言い方です。そして、ニーチェは「キリスト教の神学から生まれた倫理道徳というものはことごとく反人間的で反自然的だ」と批判したのです。

ニーチェはキリスト教に対して私怨やトラウマがあったからひどく強い調子でキリスト教の倫理道徳を攻撃したというわけではありません。キリスト教の倫理道徳にしたがえば人間の生命力をどこまでも弱体化させてしまうから、これをよくないとしたのです。

**「私たち人間が生きていくために必要なものを阻害するものはすべて、私たちの生を損傷する」とニーチェは述べています。**

この「人間が生きていくために必要なもの」の基本とは本能のことです。闘争に勝つことです。生存競争に負けることではありません。もしキリスト教の倫理道徳にしたがうならば、この本能を抑制したり否定したりしなければならなくなるのです。

ニーチェのこの考え方は健全だというしかありません。ニーチェは倫理道徳の有効性を頭だけで考えることはしないのです。どんな倫理道徳であっても、それが本当に生身《なまみ》の人間に適用できるか、私たちがこの地上に生きることに貢献《こうけん》できるのかという点を中心に考え、判断しているのです。

こういうスタンスに立つニーチェからすれば、キリスト教の倫理道徳はあまりに空想的で、現実的ではないということになります。

なぜなら、この倫理道徳は人間が生きるための本能と欲望の多くを罪と断じ、神からの恩寵《おんちょう》を待ち望み、神からの霊に仕え、今ここにある状況よりも天国を目指せといっているからです。これでは、ここにあって今すぐにでも食べ物や助けや手当や金銭が必要とされている現実の生がないがしろにされてしまいます。


したがって、どういう概念であっても、それが今この事実である私たちの生に直接的に貢献しないものであるならば、むなしいものだということになります。

ですから、ニーチェはカントが提唱する善をも無効なものだとしたのでした。なぜならカントの唱えた善は、人格のない善、純粋な概念そのものの善だからです。

人間は概念のみで生きることは絶対にできません。概念に人間が合わせるのではなく、人間に概念が合わせなければなりません。人間の生身の生活を中心に据え、それに見合った倫理道徳でなければ、かえって人間の生をそこねてしまうものになるのは明らかでしょう。

このように、まずこの現実の生を中心にして物事を考え、生にとっての有効性を測る。これがニーチェのきわだった姿勢です。

ですから、ニーチェの哲学思想は「生《せい》の哲学」と呼ばれるのです。ソクラテスやカントのように概念をもてあそぶことはしない哲学、生身の人間のための哲学という意味で「生の哲学」なのです。

## 自覚しないままに権力から支配・管理されている

では、ニーチェはこういう思想でわたしたちに何を教えているのでしょうか。その重要な一つは、『反キリスト者』にたった一行ですが、はっきりと書かれています。それは、「各人は、善を、自分だけの倫理道徳を、みずからで発見せよ」ということです。これは一つの脱出への道です。

何からの脱出でしょうか。今の自分からの脱出、毎日のこの重苦しさからの脱出、この抑圧感からの脱出です。総じて、ニーチェアンだったフーコーが名づけたところのあの規律権力からの脱出ということです。

現代にあっても漫然と受け身で生きている限り、私たちはそのつどの権力の思い通りに支配され続けるだけです。

ところが、普通の人は自分が支配されていることをなかなか自覚しません。彼らはたとえば、「支配といっても、それは政治や行政上の支配であって、自分が実際に蹂躙《じゅうりん》されるわけではないし、自分自身は個人としてはいつも自由じゃないか」というふうに考えているのです。

いくらそのように思ってみたところで、これまでのように世間の風潮に染まって生き続けることをやめることはできません。それが支配され、管理されることなのです。支配・管理されてきた通りの考え方しかできなくなっているからです。

まだ世間に染まっていない子供のときですら、私たちは親を経由して権力から支配・管理されています。それは親から養われているということではなく、自分の親の言動と生活を通じて世間から支配されているということです。

その世間をつくっているのが、今ここにある権力体制です。法律や制度をつくって違法と適法の範囲を決め、その価値観が市民の道徳観念の母胎になり、それが薄まって世間の常識になり、全体として世間や時代の風潮というものをつくりだすわけです。

学校に入って学ばされるものは権力が周到に用意して差し出してくる知識や教材であり、卒業して企業で働いても権力の支配と管理の網の中で働くことになります。

個人的生活の中にも、テレビニュースなどメディアの中にも、権力の指紋がべったりとついている倫理観がしのびこみ、私たちの考えや価値観をある決まった範囲の色に染めているのです。

ニーチェが生きた十九世紀まではその規律権力は主にキリスト教から生まれた倫理道徳でしたが、現代ではずるがしこく利潤を追求する資本主義ビジネスを肯定するような倫理が主流となっています。

**すなわち、この倫理を持つ価値観世界で善とみなされる成功とは、熾烈《しれつ》な競争を勝ち抜き、いっそう多く儲《もう》け続けることなのです。結果としての数字だけが意味を持ち、数値化できない人間的なもの、たとえば芸術や人格や愛や個性などはつまらない飾り程度に見なされています。**

本当にそうならば、いっそこの殺伐《さっぱつ》とした競争の世界にどっぷりと慣れ親しんだほうがましというものではないでしょうか。戦場においては重武装で戦うしかありません。現れる敵を次々に殺していかなければ、次の瞬間には自分が殺されるか、敗残兵となるかなのですから。

## 自分自身を生きず、世間を生きていないか？

しかし、戦い抜いてもなお手元に残るのは虚無（ニヒル）だけでしょう。デジタルゲームでラストに登場するボスを倒しても同じです。果てしのない虚無だけが広がります。

企業の中で働き続け、定年になって会社を離れた人もまた同じ虚無を味わっています。だから彼らは、新しく生きがいを見出そうとか、「第二の人生」として山登りや趣味やカルチャースクールの中に自分を埋没《まいぼつ》させようとします。自分を何かで埋めつくさなければいけないほど、自己の内に空虚が広がっているのを感覚で知っているからなのです。

**この世界に合わせ、世間に合わせて失敗もなく生きてきたのに、その報酬はなぜ果てしのない虚無になったのでしょうか。その理由は明らかです。これまで一度も自分自身を生**

**きてこなかったからです。自分自身を生きることなく、世間を生きてきたからです。**

この「世間を生きてきた」という意味は、世間でのやり方を学び、世間の常識を自分の常識とし、世間の倫理道徳を自分の倫理道徳とした生き方のことです。もちろん、たいがいの人はこういうふうに生きています。「普通」といわれる生き方のことです。

それが一概《いちがい》に悪いというわけではありません。むしろ、他人からは立派に分別を持った社会人とみなされるでしょう。しかし、当の本人自身はどうでしょうか。内部に虚無を抱えているのです。そのことを世間的な忙しさで自分の目からごまかしてきただけです。

もし、一〇〇パーセント、自分自身を生きてきたのであれば、虚無が入りこむ隙間《すきま》など少しもなかったでしょう。したがって、自分が生きてきた証《あかし》として私家版の自伝や勲章《くんしょう》や尊敬や立派な肩書を欲しがったりもしないでしょう。自分が自分らしく生きてきたことで充分に満足しているからです。

## 自分自身を生きるとは、自分自身の倫理道徳を持つこと

しかし、自分自身を生きるとはどういうことでしょうか。

いや、その前に、自分自身とはいったい何を指すのでしょうか。自分自身とは、今ここにあるままの自己のことではありません。

自分自身とは、本能と意志と能力の可能性が詰まったものです。だから、自分自身を生きるとは、それらを解放して存分に働かせることを意味します。

その意味で、犬も猫も赤ん坊もいつも自分自身を生きています。たくらみも思惑《おもわく》もなく、無邪気に生きています。喜びも笑いも全身で表現しています。そんな彼らには少しの後悔などもありえません。明日のことはもちろん、今の損得すらまったく考えていないからです。

**彼らが物理的な苦痛を覚えていない限り上機嫌でいられるのは、誰からも制限されることなく自分の本能と意志と能力を使っているからです。生き物の根源的な喜びとは、その三つを使うことです。**

では、私たちはどうでしょうか。社会生活の規範がある以上、いつでもどこでも本能のままにふるまうというわけにはいきません。意志と能力の発揮もそんなに自由ではありません。法律、道徳、因習、伝統宗教、文化、マナー、世間体などがわたしたちを四方から押さえつけています。そのために、「ＴＰＯをわきまえろ」などといって、身につけるもの、表情、視線、姿勢や態度にまで気をつかっているほどです。
そういう私たちから見れば、芸術家や作家、クリエイターたちは勝手気ままにふるまっているようでしかありません。好きな服装に身を包み、一日を気のおもむくままに過ごし、自由に発言し、それでいて創造的な仕事をしています。彼らがそんなふうなのは、才能があるからなのでしょうか。

ストレスを抱えて生きている多くの人は、「自分に才能さえあれば」と思っていわゆる自由人をうらやみ、同時にまた、才能は血によって受け継がれるものだと信じています。しかし、彼らの才能は血とは関係ありません。彼ら自身、そう思っていません。彼らが普通の人と異なっているのはそのようなことは絶対に信じないということです。
もっとも、彼らは世に流布していることの多くを頭から信じる傾向のない人々なのです。つまり、世間に溢《あふ》れている規律権力から生み出される倫理道徳も考え方も、価値観をも、いつも有効な真実だと信じることはまったくありません。他の事柄についても付和雷《ふわらい》同《どう》することがないのです。

彼らはいわゆる世間に蔓延《まんえん》している倫理道徳の外に立ち、一般の人よりはずっと自由に生きています。では、そういう彼らには倫理道徳といったものが欠落しているのでしょうか。ある意味の変人やアウトローのたぐいなのでしょうか。

実際には彼らは倫理道徳を持っています。ただし、それは世間にある既成《きせい》の倫理道徳そのままではありません。彼ら自身の知性と経験の絶え間ない試行錯誤《しこうさくご》と自己鍛錬《たんれん》から生まれてきた倫理道徳です。

だからといって、特殊で異様なものではありません。むしろ、広く人間的で、かつ普遍《ふへん》的なものです。それに比べると、一般世間にある倫理道徳は（いくらまともに見えようとも）その時代限りのものですし、地域や文化の枠内でのみ通用する狭いものなのです。

創造的な力を持つ人の倫理道徳がどんな人間にも通じる普遍的なものだからこそ、その普遍性に充ちている彼らの作品や仕事は場所も時間も超えて共通に理解され、価値あるものとなっているのです。そして、一般的な倫理道徳とのこの異なり方が、いわゆる才能とか異能と呼ばれているものなのです。

**ここで重要なのは、彼らが持っている倫理道徳の一つひとつが既存のものではなく、最初から彼らのお手製だということです。**つまり、彼らはまさしく価値を創造してきたのです。その点において、世間に染まっている人々との大きな違いがあります。

もちろん、企業に属するビジネスマンや市井《しせい》の人であっても、彼らのように創造的な人はいます。倫理道徳を創造していると意識することなくマイルールを形成しながら独自性の強い生き方をしている人がそうです。

その人たちには安易に人真似《ひとまね》をしない傾向が見られます。独自に判断し、人生や生活上の問題を独自なやり方で解決するなどして、まさしくその人たちなりの独自な生き方をしているのです。

いわゆる「我が道を行く」人たちなのです。その態度は傍目《はため》からは自我が強いとみなされることもありますが、実際は自分と自分の生を創造しているわけです。

一方、自分なりの価値を創造しようとしない多くの人にとって、その人生はいつも出来合いのものからの選択になります。学校を選択し、就職先を選択し、配偶者を選択していきます。

ですから、世の中には安全で賢い選択をするためのハウツー本がごまんとはびこることになります。彼らが勉強したり努力したり、奸計《かんけい》を用いたりするのも、当座の文化と風潮の視点から最良とみなされているものを獲得するための手段なのです。

これを言い換えれば、彼らの人生は選択手段の実行に費やされているということです。そして、〝生きる〟ということは人生の決まったメニューから何かを選ぶことになってしまっています。こうして、会社員に「出世コース」という言い方が定着しているように、それぞれの分野で既成の正統な路線があるように思ってしまいます。

## ニーチェの「超人」とは「自己実現し続ける人間」

ところで、人生のメニューをこっそりと提供しているのは誰でしょうか。もちろん、その時代の権力を中心にした支配体制です。そのあげく、行動も考え方も予想された範囲内のみにとどまる、従順で画一的な市民階層が生まれます。画一的な市民が多いほど行政は容易にコントロールしやすくなります。

このような支配状態は一種の保護であるようにも見えます。同時に、市民の生の管理でもあります。ひどい比喩を使えば、金魚鉢の中での飼い殺しであり、広い虚無の海に浮かんだ世界で人々が動くにまかせることです。

その支配に気づくことなく、市民たちは自分で自由に動いているかのように錯覚しています。しかし、彼らの内部にある価値観も倫理道徳も既成のものなのですから、本当には自由ではありませんし、自分の意志に沿うものでもありません。そのことを体が感じていて、それがぬぐいきれない抑圧感となって表れるのです。

**しかしなぜ、抑圧感を覚えるのでしょう。自分の生き方をこの自分がコントロールしていないという不満があるからです。自分というものを自分の意のままに動かしたい衝動があるからなのです。**

幼児にしてもそうです。幼児はいくら不器用でも大人に横から助けられることを嫌います。遊びですら、自分でコントロールしてこそ喜びが生まれるのです。自分の力を用いることが「生きる」ということの手応えにほかなりません。それが、ニーチェが頻繁《ひんぱん》に述べている「力への意志」という言葉の多様な意味の一つです。

ニーチェの「力への意志」（Der Wille zur Macht）は、しばしば日本語で「権力への意志」と翻訳されています。これは正確な翻訳とはいえませんし、「権力」と翻訳するのならば政治的権力の意味しか持たなくなってしまいます。

しかしそもそも、Macht《マハト》というドイツ語は広い意味での「力」を指しています。そしてニーチェは「人間はみずからの力を使うことを欲する」という意味で、このように表現したのです。

ですから、ニーチェは『ツァラトゥストラ』第三部で次のように呼びかけることになります。

「欲するがまま行え。その前にみずから意欲する者となれ」

**自分のしたいことを実際に行わないと、人生は差し出されてきたものの消費や処理でしかなくなるからです。**その行き先は果てしのない虚無です。そして取り返しのつかない地点まで来てからようやく、自分は何であったのかという後悔にさいなまれることになります。

だからといって、そのつどの気分や欲望のままに行動するというのではありません。それでは単なる放縦《ほうじゅう》や乱脈になってしまいます。そうではなく、上から押しつけられる倫理道徳や規範をはるかに超越する自分だけのルール、倫理道徳をあらかじめ持ち、それにのっとった生き方をしなければならないのです。

ここに至って、ニーチェの「自分の倫理道徳をみずからで発見せよ」という言葉がその意味を明かすようになります。

つまり、やがては虚無が口を開けている暗がりに達するしかない既成の生き方ではなく、**自分の生き方を、自分にしかできないオリジナルな生き方を、本当に自由に生きるためには、善悪の倫理をはじめとして、自分自身が自分のために倫理道徳や生き方のルールを創造しなければならないということなのです。**

そんなことはとても面倒でしょう。あたかも、一品の料理をつくるために、材料となる野菜をいちいち畑で育てることから始めるのと同じようなものです。もちろん、このうえなく面倒ですし、時間がかかるでしょう。それでもなお、既存の倫理道徳にしたがって生きて後悔と虚無にたどりつくよりずっとましなことではないでしょうか。

実はニーチェも、彼が尊敬していた詩人ゲーテも、ニーチェアンだったフーコーも、その他多くの世界の作家たちも、セザンヌやその他多くの芸術家たちも、これをやってきたのです。だからこそ、彼らは大衆の中に埋もれることなく、個性的な作品を生み出すことができたのです。

あるいはまた、次のように言い換えることもできます。自分を十全に活かす喜びに充ちた生き方をしたいと思う人は誰でも、人生のダンスのステップを最初から一つずつ自分自身で振り付けをしなければならない、と。

それができる人を、ニーチェは「超人」と呼びました。しかし、それはニーチェが生きていた十九世紀までの呼び名です。

それから半世紀ほど経って、私たちはその人たちの別の呼び名を知っています。**その呼び名とは、「自己実現し続ける人間」です。そして、まずは自分がそのように呼ばれなければならないのです。**

## もうひとりの著者からの質問〈冀剣制〉

ニーチェは、「人生は自分らしく生きていくべきだ」「人は強くなるべきだ」という二つの考えを持っていますが、この二つの考えは衝突していないでしょうか？

たとえば、もし私が強者になりたくないとしたら、それはすなわち自分らしい弱者の人生を過ごしているということではないでしょうか？

あるいは、もし私の子供が強者になりたくないならば、私は彼の選択を尊重すべきでしょうか？　それとも、彼の考えを変えさせるべきでしょうか？

## 回答〈白取春彦〉

強者というのは、物理的に力が強いとか、権力があるという意味でニーチェは表現していないと思われます。ニーチェが言うところの「強者」というのは、自己創造をしていく力が強い者のことだと考えます。

具体的には、自分の価値判断を立ててそれにしたがう者、そういう自分の生き方を一度も悔いない者のことです。

したがって弱者とはそれとは反対の者、つまり、付和雷同する者、価値判断や生き方を既存のもの、たとえば政治や宗教や伝統にあっさりとゆだねてしまう人のことです。

# 第4章

# 世界への見方を変えろ

# 言葉を疑う

## 言語は命名カタログではない。

フェルディナン・ド・ソシュール

Ferdinand de Saussure
1857-1913

スイスの言語学者。「近代言語学の父」といわれる。今まで誰も気づいていなかった言語の構造の一端を解明し、その手法はのちの構造主義思想に大きな影響を与えた。

スイスの大学で一般言語学の授業をしていたフェルディナン・ド・ソシュールは五十五歳で亡くなるまで、一般に向けた本を書くことはしませんでした。また、言語学者ではありましたが哲学者ではありませんでした。

しかし、静かで地味な学者生活を送っていたソシュールが考え、教室で教えたことは講義ノートや原稿として残り、のちに『一般言語学講義』として編纂《へんさん》され、その内容は二十世紀以降の哲学に大きな影響を与えています。なぜならば、彼の考え方が哲学思考の新しい局面を開くものだったからです。

ソシュールは私たちが使っている言語について研究しました。そして、言語には物事を「分節化《ぶんせつか》」する作用があることを見出したのです。まずそれがどういうことか分かれば、ソシュールの他の考え方もまた理解しやすくなるでしょう。

## 現実にはない違いを言語が生み出している

分節化というのは、本来的に分けられていないものを言語で表現しようとすると、どうしても「分け」ざるをえなくなるということです。言語によるこの分節化は至るところに見られます。たとえば、少年少女と成人を年齢で分けることも分節化です。当然のことながら、人間の成長は誰もが同じではありません。環境や栄養状態によってまったく異なります。しかし、その現実をまったく無視して一定の年齢を境にして画然と分けてしまっています。これが「分節する」ということです。

今の例では、何が人間の子供と大人を分節したのでしょうか。もちろん、「成人」という言葉です。あらゆる言葉は、物事を分節する作用を持っているのです。そういう言葉で構成される文章もまた、物事を分節しています。

しかし、私たちは言語のそういう分節化作用にほとんど気づくことはありません。ですから、くっきりと分けることができない現実の曖昧なものについて言葉で強引に右と左などに分けてしまうということをしています。

そのことが悲劇を生んでいる場合もあります。たとえば、民族差別です。民族という言葉によって、どんな人間もどこかの民族に属するという考え方をしてしまいます。そこから、民族が異なるから人間も異なるのだという差別が生まれてしまうのです。

この最大規模の差別を行ったのはゲルマン民族の優位性を謳い、ユダヤ人を劣等民族とみなして大量に虐殺したナチズムでした。

男女の区分もまた、現実に沿ったものではありません。男女の別は言葉によって分節されたものです。女性の生殖器を持っていても性染色体が男性の場合があることはよく知られています。また、両方の生殖器を持って生まれてくる人もいます。このように、言葉の上での男女の区分と現実の自然は合致していません。

この自然には、似たようなものでも種々のものが存在しているわけですが、それらを同一の言葉で示してしまうために、それらは「同じ」とみなされます。あるいは別の言葉で示すと、「違う」とみなされることになります。

**現実のものに違いがあるからではなく、言葉によって違いを生み出してしまうことが、言語の「分節化作用」です。**

言語が異なれば、つまり、その言語が通用している文化が異なっていれば、その言語の「分節化作用」も異なってきます。たとえば、色彩を表現する言葉は日本、ロシア、フランスではその実際の色彩と呼び名が意味する範囲が大きく異なっています。

したがって、言語が異なった二つの文化の間での完全に正しい翻訳は不可能になります。なぜなら、完全に対応する言葉などありえないからです。

たとえば、日本語での「水が濁る」という言い方の「濁る」に相当する適切な一語の英語は見当たりません。それでもなお翻訳しようとすると、get impure という言い方になるでしょう。muddy という一語の英語を使えばいいようにも思われますが、そうすると「濁る」という日本語でのニュアンスよりもずっと濃い泥水になってしまうからです。

日本語だけがことさらに繊細《せんさい》だというわけではありません。英語では一語で表せるのに日本語にはそれにおおまかにでも対応する言葉がないことも多々見られます。たとえば、solitude という英語を日本語で「孤独」の一語に翻訳することはできません。日本語の「孤独」はむしろ lonliness に近いからです。

この lonliness という言い方はドイツ語の Einsamkeit と同じように寂しさが主体となっていますが、solitude のほうには独りでいることの楽しさや充実感が含まれています。それにぴったりと対応する日本語の一語はないのです。

対応する語が見出せないということは異なった文化では感性の表現が違うということを意味するのではなく、物事や状況、心理を分節する範囲が文化圏によって異なるということを意味しているのです。

## 私たちは言語で世界を意味づけし、把握している

このように言語に分節化作用があるために、私たちは自然や世界をそのままに見ることをしていません。では、分節化作用を持つ言語など使わなければ、私たちは自然と世界をありのままに見ることができるのでしょうか。

おそらく、そうはなりません。言語があってのみ、私たちは自然や世界を把握できるからです。把握するとは理解するということです。理解するとは、今の自分にとって対象がどういう意味があるかをとらえることです。

この掌握《しょうあく》によって、私たちは世界を意味づけたり価値づけたりしています。言語がなければ、これができなくなります。つまり、世界がなくなってしまうのです。

つまり、人はその言語という人工の絵の具によって世界環境を自分なりにペインティングしています。言い換えれば、**このペインティングによって、私たちは世界の事物それぞれにさまざまな差異をほどこし、その差異を使って事物を分類し、それぞれに意味づけるということをしているのです。**

言葉はその言葉が示している現実の事物の本質とは何の関係もない

差異の理解についての最も簡単で身近な例は、位置についての単純な言葉、たとえば、上と下、右と左といったものでしょう。

上はどの位置を指す言葉でしょうか。下ではない位置です。右は、左の位置ではないこと、左は右の位置ではないことを指しています。その両者は違いでのみ互いを支えています。右だけでは意味が生まれません。

つまり、他の言葉との差異によってのみ、意味がはっきりすることになります。言葉自身があらかじめ自立して特定の意味を持っているのではなく、他の言葉との差異によってようやく意味が生まれているのです。

色彩の名称もそうです。いや、すべての言葉が差異によって意味を持っています。言い換えれば、互いに関係しあい、互いの差異で依存しあって、初めて意味を持つようになるのです。

これは、文字にされている言葉だけに限りません。発音される場合、つまり言葉の音韻においても他の音韻との違い、つまり差異があることによって、それぞれが意味と役割を持つことができます。

こういうふうに、一切の言葉が、他の言葉との差異によって意味を持っているのですから、言葉とは記号そのものです。言葉が記号だからこそ、その言葉が示している現実の事物の本質とは何の関係もないのです。

ですから言葉とは、チェスゲームの駒のようなものだともいえます。チェスゲームには♔キング、♕クイーン、♗ビショップ、♘ナイト、♖ルーク、♙ポーンの6種類の駒がありますが、このうちの一個がなくなったらどうするでしょうか。消しゴムとか小さな人形で駒の代用をさせるでしょう。

その場合、代用したものの形や材質はまったく重要ではありません。紛失したナイトを代用するものが騎士の乗る馬の形♘をしていなくてもまったくかまいません。なぜなら、他の駒と異なっているだけで意味を持つことができる記号だからです。

## 言語と事物は結びついているわけではない

記号である言語が二つの面を持っていることを見出したのもソシュールの功績です。

その二つの面とは、シニフィアン（signifiant：表しているもの。記号表現）とシニフィエ

(signifie：表されているもの。記号内容）です。

横断歩道の交通信号を例にとれば、赤い色がシニフィアンで、「停止」という意味内容がシニフィエになります。言語でも同じことで、フランス語のChatや英語のcatという文字表現や発音はシニフィアンです。そして、内容であるシニフィエは「猫」です。

**どんな単語にもこのシニフィアンとシニフィエが必ずあって一つの単語を成立させているので、この二つの要素は強く結びついているように思われるかもしれませんが、実際にはどのような点においても結びついてはいません。**

シニフィアンとシニフィエはいつもどのようなものでもかまわず、今使われているシニフィアンでなければこのシニフィエにならないということではありません。ですから、catというシニフィアンのシニフィエが「犬」であっても「海」であっても「石」であってもよいことになります。このことをソシュールは「言語の恣意《しい》性」と呼んでいます。

もちろん、誰か一人が「犬」をcatと呼ぶことにしたとしても、他人にそれが容易に通じるということはないでしょう。しかし他の多数もまた同じように「犬」をcatと呼ぶようになれば、catはやがて「犬」を意味する言葉になるわけです。

シニフィアンとシニフィエの結びつきは恣意的ですから、ロシア語のPはギリシア語のPではなく、ギリシア語のRです。リンゴを意味する英語のappleとドイツ語のApfelはシニフィアンと音韻が多少似ていますが、日本語の「リンゴ（ringo）」とはシニフィアンも音韻もまったく似ていません。

**言語がこれほど恣意的であるということにそれまで誰も気づいていませんでした。ソシュールが言語のこの恣意性を見出すまで、多くの人々は世界の事物に名前をつけたものが言葉だというものだと思いこんでいたのです。**

言い換えれば、事物や概念につけられた名前の群れが言語だとされてきていたのです。しかしソシュールは「言語は命名カタログではない」と言いました。これはどういうことでしょうか。

もし、言語が命名カタログであるならば、こんなことになるでしょう。ここに丸いテーブルがあり、これが世界全体であるとします。テーブルの上には世界にある事物と概念がたくさん並べられています。その一つひとつに名前をつけると、それが人間の言語となります。国や文化によって発音や表現が違うだけです。

もしそうならば、各国の国語辞典の項目数はすべて同じであってもいいでしょう。また、異なる言語への翻訳がまったく機械的に簡単に行われることにもなるでしょう。というのも、単語の形、発音やつづりが異なるだけで、その一語に対応する意味内容がすべて同じはずだからです。

ところが、現実はそうではありません。おおまかに似たような単語であってもその単語の意味内容は文化によってかなりのズレがあります。たとえば、日本語で「好き」を表す英語（like）、ドイツ語（mögen）、フランス語（aimer）の意味内容はぴったり重なり合ってはいません。

日本語の「好き」には「気に入る」という意味も十分に含まれていますが、そのニュアンスをドイツ語にするときはさきほどの mögen ではなく、別の単語である gefallen を使わなければならなくなります。

そしてフランス語の aimer には「好き」のほかに「愛する」という意味が含まれていますから、英語の like には対応しない単語です。また、英語で「愛玩動物」を意味するペットという言葉はフランス語には見当たりません。

ソシュールが出てくるまで信じられていたように「事物や概念につけられた名前の群れが言語だ」とするなら、それら数々の単語は古代からずっと固定されていて、いくら時間が経っても変化しないはずでしょう。しかし、事実はどうでしょうか。単語はそれぞれ大きく変化し続けているのです。

たとえば、現代日本語の「赤」は現代ではマゼンタをもっと明るくした色合いを意味しています。ところが昔はもっと範囲が広く、茶色や褐色までをも赤という単語で呼んでいたのです。それよりさらに昔は、赤とは端的に明るさを示す言葉でした。つまり、akaruiという言い方からakaという言葉が生まれたのです。

英語の単語もまた時間を経るにしたがって意味内容が大きな変化を遂げています。たとえば、cattleは今でこそ「家畜の牛」を意味していますが、以前は資産としての四つ足獣はすべてcattleでした。さらにその時代より前のcattleの意味内容は資産全般だったのです。

言葉がいつも同じ対象を指す素朴《そぼく》なものならば、こういうはなはだしい変化が生じることはないはずです。したがって、シニフィアンとシニフィエの結びつきはいつも恣意的だということになります。

そしてまた、単語の意味内容であるシニフィエというものは決して、あらかじめ存在している、あるいは固定されている概念ではないのです。

## 記号はどこに置かれるかで意味が発生する

単語の意味内容は時代において異なるだけではなく、そのつどの文章の中に置かれることによって初めて確定されます。

フランス語のboeufが単独でそこにあっただけでは、このboeufが牧草地を歩いている「牛」（英語のox）なのか、食肉用に処理された「牛肉」（英語のbeef）という意味なのか、確定してはいません。ところが、「boeufを食べる」という文章の中に置かれることによって初めてこれは「牛肉」の意味なのだとはっきりします。moutonとsheepとmuttonが文中にある場合も同じです。

つまり、前後の一連の文章が、内部にある一語を分節化して意味内容を決めているわけです。他の文章の中にある単語も同じですし、それぞれの語が関係し、依存しあって互いを分節化し、互いの意味内容を決めているのです。

交通標識も言葉のように記号ですから、作用は同じです。⦸という記号をしるした金属板が物置き場の片隅に置かれていても、意味内容がうつろな模様にすぎません。しかし、街路に置かれると、「車輛通行禁止」という意味内容を発生させるようになります。

この場合は、街、道路、交通、車輛、といった無数のものが一連の文章の役目を果たし、記号を分節化して「通行禁止」の意味を浮かびあがらせているわけです。

もちろん、そのような記号や文字ではない場合でも、私たちの環境にあるほとんどのものは一連の文章と同じ分節化の作用をもたらし、特定の意味を発生させています。

**どんなものであっても、最初からなんらかの意味を持ってそこに存在しているわけではありません。何がどこに置かれているかということによって、そのときの意味が生まれます。さきほどのチェスのたとえを思い出してみてください。**

紛失したナイトの駒の代用として消しゴムや小さな人形を使うことができますが、もしその消しゴムや小さな人形をチェス盤の外に置いてしまうなら、一瞬にしてナイトの意味を持たなくなり、ただの消しゴムと人形に戻ってしまいます。

ですからチェス盤と他の駒の配置は前後の文章と同じ役割をしていることになりますし、ナイトの駒の代用となっているものは単語や記号と同じだということになります。したがって、その代用品がゲームに関わる意味を持つのは、チェス盤という関係性の中に置かれたときのみなのです。

時代状況との関係によっても意味が生まれるという次の例はどうでしょう。

蒸気の圧力によって動くオモチャが二千年以上前の古代ローマ帝国にありました。しかし、古代の人々は蒸気の圧力を他のことに用いてみるということをしませんでした。蒸気の圧力を利用して駆動《くどう》させる機関車が生まれるのは十九世紀になってからだったのです。

つまり、動力という意味が生まれるのは、他にもさまざまな動力があるという状況に置かれたときであり、そのときにようやく動力としての関係性でつながれるのです。古代ローマ時代には、家畜の力と奴隷《どれい》の人力のほかに水車の動力くらいしかなかったので、蒸気の圧力に動力という意味を見出せなかったわけです。

## 「世界」とは、自分にとって意味のある記号の集まり

再びチェスの例に戻りますが、たとえば、チェス盤をたまたま挟んで座っている二人が

チェスというゲームをまったく知らなかったらどうでしょうか。

もちろん、代用の消しゴムどころか、チェスの本来の駒も六十四マスの盤もまったく意味を持ちません。なぜなら、そこに意味が生まれているかどうかという条件には人間の関わりが必ず含まれるからです。

そこに人間がいたとしても、その人が関わっていなければ、ものに意味は与えられることはありません。そこにいる人間が何をどう見るか、どういうふうに関係づけて見るかということが最初にあってこそ、その視界にとらえられたあらゆるものは記号となることができ、意味あるものとされるのです。つまり、人間の視点や関わりは意味を創造させるのです。


たとえば、軍隊が「侵攻」したのか、「侵略」したのか、「進軍」したのか、どういう言葉を使うかで、軍隊の行動について自分がどのような関係を示す表現なのか、分かってきます。つまり、その表現には価値や判断がおのずと含まれるほど相互依存性があるというわけです。

ですから、何と何が同じかということすら、人間がそれをどう見るか、あるいはどのように関わるかということが決めることになります。たとえば、私たちは川や山に名前をつけ、自分たちが死んでもその川や山は永遠だとみなしています。実際に事実としてそうでしょうか。川や山は昔から同じであり続けているのでしょうか。

ちなみに、紀元前六世紀頃のギリシアの哲学者ヘラクレイトスは「同じ川に二度入ることはできない」と言いました。なぜなら、すべてのものは変転し続けているからです。流れる水すらも同じではありません。十九世紀の哲学者ショーペンハウアーも、「変転こそ世界の常態である」と書いています。

それはともかく、たとえば土埃の舞う道路を舗装《ほそう》した場合、これは前と同じ道路でしょうか。もちろん、かつての道路そのままではないでしょう。けれども、私たちはその道路の名前を変えませんし、以前と同じ道路だとしています。

フェルディナンと名づけられた赤ん坊が成長して、やがて自転車に乗れるようにまでなったとします。もうまったく赤ちゃんではないのに、わたしたちはその子をフェルディナンと呼び、あの赤ん坊のフェルディナンと同じ人間だとしています。

こういったことから分かるのは、**私たちが「同じ」と言うとき、それは「物理的に同じ」という意味ではなく、「関係や構造において同一」だと把握しているる**ということです。つまり、私たちは言語と同じ分節の仕方で世界を見ているのです。

それは人間だけではありません。人間よりも本能に強く支配されている動物や虫も同じです。彼らなりの分節の仕方で、世界を自分にとって意味あるものと意味のないものに分け、意味あるものを構成して自分の世界としているのです。

その「世界」とは、自分にとっての意義ある記号の集まりなのです。

## 言葉は変化し、それによって世界も変化する

言葉は意味を持ちはしますが、その意味は変化するということはすでに述べました。意味が変化するのですから、それにつれて概念も変化していきます。

各宗教の中心となる神や仏という宗教概念も、時代によって意味の範囲がだいぶ変わっています。キリスト教神学は神を霊的存在と決めつけたものの、かつての日本では神（上《かみ》と同義）は貴族や天皇を意味していました。

それは古代ローマも同じで、皇帝は神とみなされていましたし、彼ら自身も自分が神だとしていました。一方、仏は本来的には悟った人を意味していましたが、今では国によっ

て霊的存在や死者のことをも意味しています。

こういったことから分かるのは、**時代を変えるのは時間ではなく、言語のシニフィアンとシニフィエの恣意的変化だということです。**その変化が根底から時代を変えているのです。それは、「言語が世界を分節している」ことの具体的事実です。

つまり、世界が実際に変化しているかどうかはともかくとして、言語のシニフィアンとシニフィエが変化しただけで、その言語によって分節化された世界そのものが変化しているように見えるということになります。

ところで、私たちのふだんの生活においても、同じようなことが起きてはいないでしょうか。自分が何気なく使っている言葉のシニフィアンとシニフィエは、相手のシニフィアンとシニフィエとまったく合致しているのでしょうか。

おそらく、そういうことはまれでしょう。シニフィアンである言葉が同じだとしても、意味内容であるシニフィエがとてもずれているということは少なくないはずです。そのことが、私たち相互の日常の無理解、不和、誤解、反撥《はんぱつ》を生み出しているのではないでしょうか。

## 言葉の意味は、他の言葉との関係と差異によって生まれる

このようにソシュールの言語学がいかにこれまでの考え方と異なっているかをもう一度おさらいしてみると、次のようにまとめることができるでしょう。

従来の考え方では、世界にある個物に名前というラベルをつけたのが言語であるとされていました。ですから、一つの言葉があれば、それに対応する個物や概念が存在すると考えられていたのです。

ソシュールによれば、個物の実在が言葉の違いの根拠になっているわけではありません。言葉の違いは認知の仕方の違いによります。たとえば、日本人はマグロとカツオを分けていますが、西欧諸国ではそういう認知の仕方をしないので、どちらもtunaです。

認知の仕方で言葉が生まれますから、虹の色彩の数は国の文化によってまちまちです。たとえば、日本では七色ですが、アメリカでは六色、ジンバブエなどで使われているショナ語では三色しかありません。

ちなみに、日本人の目が虹を七色まで認識できるということではありません。虹は七色

だと学校で習うからです。その知識を持ったうえで虹を見るから、小学生ですら七色と答えます。つまり、教えこまれた概念が先入観となっているにすぎません。

また、悪魔の実在が信じられる認知をする文化圏では「悪魔憑《つ》き」という言葉が使われますし、科学を重視する文化圏や時代では精神病という言葉で認知されます。そこには未開と進歩の差があるわけではありません。認知の仕方、つまり分節化の仕方が異なるだけなのです。

個物が実在していない場合でも、その言葉は存在します。人にとっての意味がその言葉を使わせるからです。たとえば、龍（ドラゴン）、霊、幸福、成功など。

したがって、自分の目に映る世界の様相は、使われる言葉によって造形されることになります。どういう言葉をどういうふうに使うかによって、世界の見え方が変わります。そのことが結局は、その社会や文化を形成するのです。

**言葉の意味というものは、実はその言葉自体にはありません。単に非自然的な記号でしかない言葉の意味は、他の言葉との関係と差異によって生まれます。その意味は変化し続けてやみません。**

## 公的な言語表現と私的な言語表現がある

ソシュールはまた、言語をラング（langue）とパロール（parole）に分けました。

ラングとは、事柄を伝達する表現の仕組みのことです。たとえば、単語や文法や基本的な発音など、すでに決められているもの全体がラングです。

これをあらかじめ知っておかないと、相手に分かるように表現することができないのは当然のことです。「幼児が言葉を覚える」というのは、単に身近な単語を真似して覚えるということだけではなく、ラングを覚えるということを意味しています。

一つの文化圏でのラングを知っておかないと、その圏内では言葉による伝達も表現もできません。ですから、ラングには社会性があるということができます。この社会性のゆえに、ラングにしたがって正しく書かれた本は誰もが読んで理解することが可能になっています。

一方パロールのほうは、ラングに属さない要素を持った言語表現の全体を指します。

個人が言葉や文章を発声するときのその人自身の声の響きもパロールです。不特定多数への正しい伝達を無視した独り言もパロールであり、恋人同士のささやきもパロールであり、愛用のパソコンをキャロルと呼ぶのもパロールであり、もちろん叫びもパロールであり、家族の誰かに「おい、あれはどうなった?」とたずねるときの言葉もパロールであり、要するに社会性のない私的で言語的なもの全体がパロールなのです。

**私たちは、ふだんにおいてはだいたいパロールで考えていることが多いでしょう。しかし、その考えをまとめて文章にするときはラングを使わなければなりません。**

つまり、言語の社会的なマナーに沿う表現にしなければ、誰にも伝わらないのです。本を読んだことのない人がまともな文章を書けないのは、ラングの勉強をしていないからです。それほど、ラングとパロールには隔たりがあります。

では、言語は単純に公的なもの(ラング)と私的なもの(パロール)に分けられ、この二つは関係がないのでしょうか。そんなことはありません。パロールは幾度も繰り返され、そのあげくにいつの日かラングになるからです。このことは、幼児がしだいに言語を明瞭に扱えるようになることを想像しただけですぐに分かるでしょう。

言い換えれば、パロールはいつしかラングを構成する未熟な動きであり、ラングはパロールが洗練されて充分に社会的に構成された状態だということになります。

したがって、若者たちの間でのみ流行する言葉はまだパロールですが、その言葉が広く使われるようになり、やがて辞書に載るようになればラングになったということです。ですから、語彙と辞書の頁数は増加し続けることになります。

さて、ソシュールが出てくるまでの哲学はプラトン以来、事物の本質は何かということをずっと探求してきました。

しかし、ソシュールの言語学によって、**事物には本質といったものなどあらかじめ存在してはおらず、ただ関係性と差異だけが意味を生み出している**ということが分かったのです。

さらにまたソシュールの分析方法は事物の関係のあり方を見ることであり、言い換えれば物事の構造に着眼することでした。これが、一九六〇年以降にいわゆる構造主義と呼ばれる哲学手法の一つの発火点となったのです。

## もうひとりの著者からの質問〈冀剣制〉

本章を読んで、一つ気づいたことがあります。「言語があるから差別が生まれる」、すなわち、差別の根本的な原因は言語に騙されることとです。よって、この社会の差別を無くすために、まず言語の改造から始めるべきだと思います。

私たちは言語の使用者として、いかに言語、あるいは、言語の使用のしかたを改造したら、差別や偏見を避けられるでしょうか？日本語の場合、何かの実例があるでしょうか？

## 回答〈白取春彦〉

言語の使い方を改造すれば差別や偏見を避けることができるようになるのではないかということですが、言語は際限なく繁殖し続ける生物のようなものですから、言語の使い方をいちいち規定することは不可能だと考えます。

しかし、人の関わり方が言語の意味を変えるわけですから、わたしたちのふだんの行動こそが、結局のところ言語から生じる差別や偏見をなくしていくことに役立つでしょう。

# 愛を追求する

愛は何よりも与えることであり、
もらうことではない。

エーリッヒ・フロム

Erich Seligmann Fromm
1900-1980

ドイツからアメリカに亡命した精神分析学者、社会心理学者、哲学者。人間についての深い洞察力を持ち、自由で柔軟な発想で人間の行動を研究・分析した。

ドイツに生まれてフロイトの精神分析学を修めたエーリッヒ・フロムは、一般的に社会心理学者と紹介されていますが、静かな場所で研究生活を送ることができた学者ではなく、時代の荒波に翻弄《ほんろう》され続けた人でした。

だからこそ、個々の患者を臨床する形での従来の精神分析ではなく、社会の動向に対して精神分析的判断を適応させるという新しい形の社会心理学を独自に切り開くことができたのです。

フロムは二つの世界大戦とナチズムの猛威を体験して人生を揺さぶられ、ユダヤ人であったために研究所を追われてアメリカに亡命しました。そして、大衆というものがいかに権威への服従や同調をみずから求めていくかということを『自由からの逃走』で描き、この著書は今なお広く読まれています。

四十歳代後半からはメキシコに移り住んで医学部の教授を務め、「正常さ」「愛」「悪」「希望」などといった人間倫理をテーマにして多くの意義深い本を書くようになりました。したがって、その後半の人生は社会心理学者にとどまらず、平易な言葉で多くの教えをもたらしてくれるヒューマニズムの哲学者であったというべきでしょう。

フロムの著書はおおむね難解ではありませんし、むしろ読みやすいといえます。理解しながら読み進めるなら、まずは自分の常識や考え方がいかに現状の社会から強い影響を受けたものであるかに気づかされ、次に自分の世界観を一新させることができるようになります。

そういうフロムの思想の中から、「愛するということ（The Art of Loving）」の考察を中心に、現代に生きる私たちにとって身近な例を挙げながら説明をいくつかほどこし、今後のフロム理解の一助となるよう努めてみたいと思います。

## 「人生はゲームだ」というセリフは人生に勝敗があるという考え方を示す

映画の中の登場人物の一人がこんなセリフを吐きました。

「人生はゲームだ」

一般に映画というものは、その時代の人々の価値観や人生観を集中的に映し出しているのが普通です。ですから、「人生はゲームだ」という比喩的表現は、現代人に広く共通している考え方の一つを表しているといえるでしょう。

しかし、人生が本当にゲームのようなものであるかどうかが重要なのではありません。人生をゲームになぞらえても気にならないような感覚を現代人のおおかたが備えているから、映画やドラマの中に「人生はゲームだ」というセリフが使われるということになります。そうでなければ、観客に理解されるセリフとはならないからです。

では、「人生はゲームだ」という言い方は何を意味しているのでしょうか。まず、あたかもゲームであるかのように、人生にはあらかじめルールが設定されているという考えがあるでしょう。このルールとは、要するにゲームの競争においてうまくしのぐ方法のことです。

その方法にのっとってゲームのゴールにおいて勝者にならなければならないとされています。ゲームですから、必ず勝者と敗者が生まれます。現代においていわゆるビジネス書というものが氾濫《はんらん》しているのは、このことの一端を証明しています。つまり、ビジネス書では、要するにゲームに勝つための方法論が（その有効性はともかくとして）説かれているからです。

ゲームのハウツーはビジネス社会だけにあるわけではありません。わたしたちのふだんの生活の価値観にまで浸透しています。どのような出まれの人間がどの学校を出てどの企業に就職し、どのような人間関係を築いていけば、どの程度の勝利者になれるかということが社会で暗黙のうちに示されているからです。

その勝利を目指す人生は重要な手札《てふだ》を集めるカードゲームのようなものだとみなされています。したがって、「人生はゲームだ」という比喩的な言い方が映画の観客に実感として理解されているのです。

## 人間がまるで商品のように値踏みされている

**ゲームとしての人生に勝利したかどうかという基準は明白だとされています。それは、できるだけ多くを手にすることです。**多くの財産、多くの可能性、多くの自由、多くの時間……。つまり、量において圧倒的に富裕になることが目指されているわけです。この傾向はしかし、古代からずっと続いてきた普遍的な人間の生き方なのでしょうか。

そうではないでしょう。十八世紀半ばにイギリスで始まって各国に伝播した産業革命によって社会がすっかり様変わりし、さらに資本主義経済がはびこるようになったこの二百年ばかりのことにすぎません。言い換えれば、多くのものと事柄が商品化される社会の時代になってからのことなのです。

カール・マルクスは「労働力が商品になってしまった」と著書『資本論』で批判しましたが、商品というものは人間の欲望を満たす使用価値を持っています。それは今でも同じで、あらゆる商品にはそれぞれの価値があり、その価値に見合った価格で入手できることになっています。

現代人にとってあまりにも当たり前なこのことが、私たちのものの見方を変えていたのです。どういうことかというと、市場の商品に限らず、人間についても、また人間がすることについても、私たちはそれらが商品の価格のように価値づけられるというふうに考えていますが、これは一つの概念が適用されるものの壁を臆面《おくめん》もなく越えているのです。

**言い換えれば、いつのまにか、人生に属する事柄や人間性に関わるものまでをも、商品を値踏みする商人の眼で見てしまうようになったということです。**その結果として、元来は市場の商品にのみ有効であったはずの価値の大小が、人間の優劣の指標ともなりうるのだというふうに考えるようになったのです。

フロムは『生きるということ』(To Have or to Be?)や『よりよく生きるということ』(The Art of Being)といった著書でも強く述べていますが、商品の洪水となった社会に住む現代人は「ある」(being)ことと「持つ」(having)ことの区別が分からなくなり、しかも「持つ」ことだけを重要視するようになってしまっているのです。

そのため、「どうあるか」を問わずに「どのくらい持っているか」を問うのが一般的になってしまいました。人間として、あるいは実際の能力として、どのくらいすぐれているかということを問う機会があっても、目に見える形になったものが参考にされます。

たとえば、学歴と経歴、資格の有無、他薦《たせん》、語学の等級など、とにかく文字で書くことができて、客観的に理解され、かつ事実として証明される事柄のみがその人の中身や能力を意味するものとされるのです。

## 現代人の恋愛は「買い物」と同じ

愛情にまつわることについても状況は同じです。

たとえば誰かをその人の現在のままに愛するという姿勢はかえりみられず、愛情の対象とされるのはなんらかの明白な属性《ぞくせい》条件を相手が備えていると認められる場合だけなのです。結婚相手を探すときにも、相手にさまざまな属性の条件を要求したうえで、あたかも賢い買い物客がよりよい商品を選ぶのと同じことが行われるわけです。

したがって、人間の深い関係の一つとでもいうべき恋愛にさえ、価値の指標がふんだんに使われます。たとえば、交際を前提とした相手の容姿は整っていなければならず、さらには出身、血筋、学歴、環境、資産の有無、現在の地位と将来性、などといった点において世間的価値が高くなければならないとされます。

だから、「恋が始まる」のではなく、現代人は「恋人をゲット（get）する」のです。恋人はスペック（specification）がメインの魅力である一種の商品と同じです。結婚するときも、

商品を選ぶようにスペックで相手を選ぶ現代人

配偶者になるのではなく、specification付きの夫や妻を「得る」のです。そして、二人の子供もまた意図的、かつ計画的に得られることになります。

「私たちの生きている社会は、購買欲と、たがいに好都合な交換という考え方のうえに立っている。現代人の楽しみとは、わくわくしながらショーウィンドウをながめたり、現金であれ月賦であれ、買えるだけの物はなんでも買うことである。誰もがそれと同じような眼で人間を見ている。男にとっての魅力的な女性、あるいは女にとっての魅力的な男性は、自分が探している掘り出し物なのだ。

…（中略）…いずれにせよ、ふつう恋心を抱けるような相手は、自分自身と交換することが可能な範囲の「商品」に限られる。…（中略）…このように二人の人間は、自分の交換価値の限界を考慮したうえで、市場で手に入る最良の商品を見つけたと思ったときに、恋に落ちる」（鈴木晶訳　以下同じ）

このように人間関係が商品の交換のようになってしまっているのは、物質的成功が価値を持つ社会になっているからなのです。

自己紹介の場合においてもそういった属性の諸々がspecification（仕様書）として提示さ

れることが重要となります。
本人そのものの前に問われるのはいつもこの specification なのです。これはまさしく、人間の商品化でしかありません。私たちは相手そのものと交際するのでなく、交際という名目を使って相手の属性や価値を利用するのです。

この傾向は、フロムが生きていた時代よりも今のほうがさらに倍加しています。インターネットを通じたＳＮＳにおける交際相手を発見するサイトが乱立していることを思い出せば誰でも分かるでしょう。人間を相手にしているようで、私たちは実はただ specification を読んで比較し、それによって相手を理解した気になっているのです。

## 人間の最も強い欲求は孤独から抜け出したいという欲求

しかしなぜ、現代人はそこまでして相手を求めようとするのでしょうか。どこかに所属しようとし、加わって仲間になろうとし、個性的でありたいと願っていながらも結局は他の大勢と一緒であろうとするのでしょうか。

その理由の一つをフロムは、人は孤独の不安に耐えられずに合一を求めるからだとしています。彼はこう書いています。

「人間のもっとも強い欲求とは、孤立を克服し、孤独の牢獄《ろうごく》から抜け出したいという欲求である」

「どの時代のどの社会においても、人間は同じ一つの問題の解決に迫られている。いかに孤立を克服するか、いかに合一を達成するか、いかに個人的な生活を超越して他者と一体化を得るか、という問題である」

自分が現行の社会や組織の価値観と同一になっていないと、疎外《そがい》を感じるのです。社会集団の価値観と同調するようになれば孤立感を味わわなくてもよいようになります。ですから、かつてファシズムやナチズムに大多数の人々は賛同したのです。

現代人にしても同じです。安心したいがために、アイデンティティを求め、孤立を恐れます。どこかメジャーな団体の一員になりたがり、大多数の人々と同じになりたいという欲求につき動かされているのです。

「現代の資本主義社会では、平等の意味は変わってきている。今日、平等といえば、それはロボットの、すなわち個性を失った人間の平等である。現代では平等は『一体』ではなく『同一』を意味する。それは、同じ仕事をし、同じ趣味を持ち、同じ新聞を読み、同じ感情や同じ考えをもつといった、雑多なものを切り捨てた同一性である」

「すくなくとも西洋の民主主義社会では、人びとは強制されて同調しているのではなく、みずから欲して同調しているのである」

宗教を通じて他人との一体感を得ることもできます。サドとマゾの性的関係を通じてそうなることもできます。支配と被支配の主従関係にあっても一体感が味わえます。

しかし、こういった関係では自分の中にある何かを犠牲に差し出したり、抑制したりしなければなりません。あるいは、そこには圧倒的な支配や崇拝の傾向が見られます。世に多く見られるこういった関係はいわゆる病的なのです。

**ところが、病的ではない一体感を得る仕方が一つあります。それは、成熟した愛で人を愛することです。この場合における相手との結合においては、自分の全体性と個性をすべて保ったままでいられるのです。**

「愛は、人間のなかにある能動的な力である。人をほかの人びとから隔てている壁をぶち破る力であり、人と人とを結びつける力である。愛によって、人は孤独感・孤立感を克服するが、依然として自分自身のままであり、自分の全体性を失わない。愛においては、二人が一人になり、しかも二人でありつづけるという、パラドックスが起きる」

フロムが提唱しているこの愛は、映画やメディアが表現してこなかった愛、多くの現代人の観念の中にない愛です。そういう愛こそ人間に必要だと主張しているのが『愛するということ』なのです。

## 愛とは与えることであり、与えることは喜びになる

「愛は何よりも与えることであり、もらうことではない」

フロムが「愛とは与えること」と言うのを聞くと、商人に限らず現代人は自己の損失を考えます。誰かに自分の何かを与えるということは物理的に一方の損失とみなされるのです。何かを与えることはまさしく物の移動であり、相手に物が移ったのだから、自分の欠

損を直接的に意味すると考えてしまうわけです。

宗教関係者の場合は、与えることは犠牲《ぎせい》ゆえに美徳だとマゾヒスティックに考えたりもします。この人たちの場合もまた、与えることは苦痛をともなう犠牲だというわけなのですから、与えることを損失としていることに変わりはありません。

このように考える人は物の量の多いか少ないかのみが判断の基準になっているのですから、多く持つことこそ豊かになることだと思いこんでいるタイプです。

しかし、そもそも愛は量に換算できるものではありません。それでもなお量で考えてしまう人は、物質的成功が重要な価値を持つこの資本主義的経済世界の影響もあって「ある」ことと「持つ」ことの区別ができなくなっている人なのです。

また、できるだけ多くを手に入れ、多くを貯《た》めたがる人は、そのことによって自分がまったく非生産的であることを明かしています。というのも、外から取り入れるという手段でしか自分のものがないことを認めているからです。

ところが、生産的な人にとっては、与えることは損失どころか喜びになります。自分の意志で、自由に、力や財を他の人に与えること自体が喜びになるのです。それは同時に自分の生命力の強さの表現ともなります。

**自分が豊かであり、与えてもなお自分でいくらでも生産できるからこそ惜しみなく与えることができるのです。**では、そういう生産的な人とはいったいどういう人のことなのでしょうか。

株券や土地などのように物を所有していることで豊かだと自認する人は、生産的な人だとはいえません。確かに株や土地は騰貴《とうき》や転売で価値が増えることがあるものの、それは物の増加にすぎないからです。物ですから与えれば減ってしまいます。

豊かで生産的な人の分かりやすい例は、能力を持った人でしょう。その人は物理的な財産を失うことがあったとしても、それが豊かさを失うことに結びつくわけではありませんし、貧しくなるわけでもありません。なぜなら、彼は自分の能力や技術を使っていくらでも生産できるからです。さらに、能力や技術は減ることがありませんし盗まれることもありません。

そのように豊かなのはことさら特別な能力を持った人にのみ限られるというわけではありません。他人にユーモアを与える人も、喜び、興味、理解、知識を与える人も同じく豊かなのです。また、そういうふうな自分の与え方も愛と呼ばれるものなのです。**言い換えれば、自分自身の能力を惜しみなく与える人が愛することのできる人なのです。そういう愛こそ、同時に相手の中にも愛を生むことができるのです。**

このような愛は、相手を利用できる客、自由に使える道具、対象や材料などとみなしたときや、情実や利害のからんだ取引相手との間には決して生まれてはきません。真に相手を自分と同じ価値がある大切な人間としてあつかうときにしか生まれえないのです。

なぜそうなのかというと、愛は物ではないからであり、愛は個々人の本当の命の中からしか生まれず、その愛は他の個々人の命の中にしか届かないからです。

そういう愛を与えることができる人には成熟した人間という特徴が見られます。

## 愛するという行為を支えるのは「配慮」「責任」「尊敬」「知」

愛するという能動性を根底から支えているのは、「配慮《はいりょ》」「責任」「尊敬」「知」です。これらは、愛することができる人が実際に人を愛するときの相手に対する態度です。

配慮や責任が相手を大切に思う行為に充分に含まれているのは誰でも経験上知っているでしょう。しかしそれは、好きな物や貴重品を大切に思うことと同じではありません。

もし、好きな物を大切にするように相手を大切にするなら、そこにあるのは愛の名に値する行為ではなく、支配や所有と呼ぶべきものだからです。そういうふうにして恋人を手元にとどめて束縛《そくばく》し、自分ではその人を強く愛しているのだと錯覚している場合も実際には少なくありません。

それが本当に人を愛するという行為なら、必ず尊敬と知も含まれているはずです。相手を尊敬するのですから、相手を支配したり自分に従属させたりすることは決してありません。相手の今の個性や人格そのものを尊敬したうえで愛するのです。だからといって、自分が相手の言いなりになったり下僕《げぼく》になったりするわけでもありません。

自分とは異なる相手をそのままに愛するのですから、そのときには知が必要になります。これは、相手を深く知りたいという欲求です。ただし、この知は理知的な知ではありません。そんな学問的な理知で人間を知ることは決してできません。

愛することによってしか、人間は知られないのです。そうして知られたことはしかし、言葉や論理的説明に還元できるものではありません。

なぜなら、「人間は、物ではない。人間は生命体である。いつも発展の過程にある生命体である」(フロム『人生と愛』)からなのです。もし言葉や説明に還元できるものならば、それは最初から生命のない単純な物でしかないでしょう。

このような知は、社会の中で誰かと知り合うレベルで使われる知や学校で使われる知ではないことはもはや明らかでしょう。

愛を通じての知とは、理知的な理解の次元をはるかに超えた身心による知とでもいうべきものであり、ここに至って初めて相手そのものを体感することが可能になるのです。そうして相手を知りながらも、それは自分や人間存在そのものを体感する経験となるという特徴を持っています。

**したがって、愛する行為とは誰か特定の人間に対する自分の関わりのことではありません。愛するとは、「世界全体に対して」自分が関わる態度になるわけなのです。**

# 愛するために必要なのは「たった一人でいる能力」

古今東西の数々の恋愛ドラマで展開されている激しい恋愛のように、自分が好んだ一人のみを熱愛するというのならば、それは共生的愛着にすぎません。あるいは欲のバリエーション、あるいはまた自己中心主義が拡大されたものであり、実はその中身に愛はないのです。

**本当に愛しているというのなら、その人を通じてすべての人を愛することにつながっていきます。**したがって、世界全体の生命を愛することへと自然につながるでしょう。それが本当の愛であるなら、兄弟愛とぴったり重なるのです。

ですから、真に愛するなら、そこには人間に対する真の理解と真の同情と真の同一化が生まれることになります。こうして、私たちが恐れていた孤立が消失するのです。

このような愛の実際の行為によって、フロイト（1856～1939）が唱えた「愛は性的本能が昇華されたものだ」という説はくつがえされることになります。異性（同性）愛においても、わたしたちは相手を愛することを通してすべての人々をそのままで肯定して愛するのですから。

そんなふうに愛する力を自分のものにするためには、私たちは自分一人でいられることを訓練しなければなりません。仕事や用事のために要求される日々のルーティンからすっかり離れて、たった一人でいる能力を身につけるのです。

「一人でいられるようになることは、愛することができるようになるための一つの必須条件である。もし、自分の足で立てないという理由で、誰か他人にしがみつくとしたら、その相手は命の恩人になりうるかもしれないが、二人の関係は愛の関係ではない。逆説的ではあるが、一人でいられる能力こそ、愛する能力の前提条件なのだ」

フロムのこの主張は、ちぐはぐであるかのように見えます。愛する能力を高めるために実際に人を愛するという行動を勧めるのならまだしも、そういう方向とはまるでさかさまの消極的なことを勧めているように見えるからです。

しかし、フロムがここで一種の孤独状態でいることを勧めているのは、幾重にも理由があります。まず、私たちがこの資本主義的経済社会の喧噪の中でいつしかたっぷりと身につけてしまった商業的功利に基づく価値観を自分から削《そ》ぎ落とすためです。

**この世間的価値観が削ぎ落とされるほど、裸の自分が現れてきます。そのときに自分の精神が何に強く依存しているか、しだいにはっきりと自覚されてくるでしょう。**

それでもなお耐え、あらゆる人工の音を消して自分自身でいることを続けなければなりません。なぜなら、それほど私たちは自分自身であることを外界のものでごまかすことに今まで慣れてきたからです。その状態を断絶してみるのです。

こうしてから次にすべきことは、呼吸をするだけの存在になってみることです。方法は簡単です。背を伸ばして椅子にまっすぐ腰かけ、瞼《まぶた》を軽く閉じ、自然にゆっくりとした呼吸をするだけです。

これを行うと、さまざまな思いや感情、映像が湧き上がってくることがあります。それらを無視し、できる限り何も考えないようにします。うまくいかなくてもやめません。とにかくじっとして静寂の中に沈潜するよう努めるのです。すると、ただ自分自身のみが感じられるようになります。二十分程度かかるこの練習を毎朝と毎晩の就寝前に行います。

これはいわば瞑想《めいそう》なのですが、フロムが瞑想と呼んでいないのは宗教の匂いを排除したいからでしょう。ノウハウのほとんどない瞑想ですが、効果はすぐに現れます。

かつてのように心がいらだたず、落ち着けるようになります。静寂が心地よくなります。そして、集中力がこれまでになく高まります。それは、世界がクリアになったような感じさえもたらすことでしょう。

次には、物事に対処するとき、全身で没頭できるようになります。そうなると、手がけるものすべてに自分なりの意義を体感できるようになります。

**頭で考えて小さな雑事にも特別な意味を見出せるようになるのではなく、ただ意義や手応えを体で感じるのです。言い換えれば一日の時間に濃淡《のうたん》がなくなるので、無駄な時間がなくなります。すると、いつも全身で現在を生きているようになります。ですから、この生き方をすれば、後悔や反省がなくなるのです。**

この態度を徹底させると、人間関係においても演技、手練手管《てれんてくだ》、策略、操縦、おもねりといったものがなくならざるをえません。つまり、いつも純粋な自分が存在するだけです。ある意味で、現代において異質な人間として生きることになります。

対人関係において重要な変化は、物言いが純粋になるということです。心から話し、心を開いて相手の話を聞けるようになります。

ですから、自然と人間関係が変わってきます。ビジネス上の必要から相手を意図的に一方向に押しやるような人間との関わりは自然と避けられ、率直で、いつもその人自身であるような相手との関係が増えるようになるからです。

つまり、人間としての深い領域から具体的な言葉を発するような相手が自分にふさわしいことになります。素のままの人間同士の関係です。この関係においてのみ、本当の愛が生まれてくるのです。そしてまた、誰がそういう人間であるか見分ける洞察力も自然と自分に備わる状態になっているものです。

フロムの表現によれば、これが「人間の覚醒《かくせい》」です。**本当に愛することは覚醒した人間のみができることなのです。**

ここまで達すると、自己はいささかも揺れなくなります。世間でどんなことがいわれていようとも、揺るぎのない自分として存在し、自分のなすべきことに没頭することが可能になります。それは深い自信につながり、その繰り返しの中に新しい自分がいつのまにか生まれているのです。

だからといって、世間的成功が保証された輝かしい人生が待っているというわけではありません。苦痛や失望、理不尽《りふじん》や試練といった人生上の苦しみから特別にまぬがれることはないのです。しかし、そういった苦しみをも受け入れる覚悟がすでにあり、克服する強さを持った状態になっているから、普通の人よりは強く生きることができます。

こういう人間存在は、金銭と功利性を追求するこの資本主義経済社会の中ではあまりにも異質でしょう。しかし、人間の中にある最も深い欲求、すべてを愛するという欲求を充たした真の人間なのです。

## もうひとりの著者からの質問〈冀剣制〉

恋に落ちている人々は、相手の気が変わってしまうと心配することが多いのですが、相手を束縛しようとすると、逆に相手を不快に感じさせてしまいます。それは本末転倒とも言えます。

しかし、自由を与えたいからと言って、相手のことを思い切り手放すのも同じく危険ではないでしょうか？　一体どうすればいいのでしょうか？

## 回答〈白取春彦〉

フロムは、自分から一方的に愛する場合にのみ、愛の本来の意味があるのだとしており、相手との関係や恋の駆け引きのようなものにはまったく重きを置いていません。

恋の駆け引き、心配、迷いは、フロムによれば「共生的愛着」になってしまいます。それは自己中心主義が拡大されたものです。

したがって、一般的な恋愛において、本当の愛はとても少ないということが言えると思います。

# 自分を賭けて行動する

## 人間は自由という刑に処されている。

ジャン＝ポール・サルトル

Jean-Paul Charles Aymard Sartre
1905-1980

フランスの哲学者・小説家。人間は先に本質を規定された存在ではなく、人生の無数の選択を通して自分自身で本質をつくりあげる実存的存在であると主張する実存主義で有名。

## 人間は本質も目的も分からないままにこの世に存在してしまっている

人間の本質とは何でしょうか。古代ギリシアの時代から多くの哲学者が人間の本質について探求してきました。

もし、人間とは神が創造したものであり、したがって人間は被造物であり、神の僕《しもべ》であると考えるならば、それはそういうふうに教える宗教の信者でしょう。

もちろん、いくらそう信じてみたところで、それが真実だということにはなりません。信仰の深さと真実は関連性がないからです。

人間に本質というものがあったとしても、それは今なお明らかになっていません。聖書にも、人間の本質とはこれこれであると記されてはいません。聖書に記されているのは、神によって人間が創造されたということのみです。したがって、聖書を聖典とする宗教において人間は神の被造物だとされています。

ところで、普通何かを作るときは、意図と目的が最初にあります。しばしば、それが作られるものの本質となっています。多くの生活道具はそのようにして作られるものです。あらかじめ本質を考えずに漫然と作られることはほぼないでしょう。組織やシステムを作るときも商品を作るときも同じです。

聖書に記されているように神が人間を創造したというのならば、意図と目的があったはずで、それが人間の本質であるはずです。しかし、その本質についての記載は聖書の中には一切見当たりません。

ところで、宗教の信者でなくても、自覚的な無神論者であっても、あたかも宗教の信者のような考え方をする人が少なくありません。それは、普遍的な人間性というものがあるという考え方です。そこから出発して人間とは何かという議論をするのならば、それもまた本質主義のバリエーションの一つです。

サルトルの場合は、客観的実在としての神は存在しないのだから人間は被造物《ひぞうぶつ》ではないという見方をします。あらかじめ意図も目的もなく、この世界に突然にして現れたのが私たちなのかもしれないという考え方です。ですから、この立場から発言するサルトルは「人間の実存は本質に先立つ」と考えたのでした。

この「実存（フランス語、英語：existence　ドイツ語：Existenz）」とは、「現実に存在している」

という意味です。本質はいつも観念でしかありませんが、実存は現実に存在していることを指しています。

本質と実存の違いを説明するために、サルトルはペーパーナイフの例を出しています。ペーパーナイフは一般的に、紙製の封筒を切り開ける道具という観念、つまり、この本質が先にあり、その本質に沿って作られたものです。したがって、ペーパーナイフについては、「本質（目的や用途）が、その存在よりも先にある」ということになります。要するに、存在理由があらかじめ決定されているわけです。

では、人間はいったいどうなのでしょうか。人間もペーパーナイフやハサミといった道具のように何かいくつかの目的を果たすために、なんらかの用途のために作られたのでしょうか。人間の本質がまず規定されているのでしょうか。

そうではないはずです。**人間については本質も目的も分からないままに、とにかくこの世に存在（つまり、実存）してしまっているのです**。ですから、生まれつき警官や消防士であるような赤ん坊はいません。

もちろん、別の観点もあります。たとえばそれは、人間の中にある動物的本能こそが人間の本質ではないかと考えたりすることです。その考えのように、人間の行動が常にその本能によって縛られ、つまり本能的行動しかできないのというのならば、人間の本質は動物と同じく本能だということになるでしょう。

しかし、現実はどうでしょうか。人間はやすやすと本能を抑制《よくせい》することができます。また、本能とはまったく異なる行動をすることができます。ですから、人間にあっては本能が本質だと安易に決めつけることはできなくなります。

したがって、あらかじめ本質のない存在、したがってどうにも定義することができない存在、それが人間だとサルトルは言うのです。

## 人間の自由には責任という苦痛がともなう

もし、人間に本質というものがあるならば、人間は自由ではなくなります。というのは、人間がその本質を身体や精神の中に持っているのならば、人間の行動や考え方はその本質に沿う枠内でしか働かないはずだからです。

したがって、人間には本質と呼ぶべきものが欠落している、とサルトルは考えます。本質による縛りがないというこの一点から、サルトルの自由論が出てきます。私たちには本質などないのだから誰もが自由に選択と行動ができるというわけです。むろん、それをしないというのも自由です。

しかしこの自由は、耐えがたい束縛から解放されたときの喜ばしい自由ではありません。むしろ、不安にまみれた自由であるとサルトルは指摘します。

なぜ、不安なのでしょうか。**選択と行動の理由として自分の意思以外の根拠をどうしても見出すことができないからです。それればかりか、自分の行いを正当化するための基準さえ持ちあわせていません。つまり、まったく言い訳ができない状態に置かれているからです。**

たとえば、ものすごく空腹な自分の目の前に食べ物が置かれているとします。その食べ物は他人の家のものです。しかし今、自分以外にまったく誰もいません。この状況において自分はどのような行動を選ぶでしょうか。

本能が人間の本質ならば、空腹なのだからすぐにでも食べ始めるでしょう。良心の痛みなど少しも感じずに。しかし、現実の人間はそうではありません。ためらうか、食べるか食べないかをあれこれと自分なりに考え、そして選択をしなければならないはずです。

もしイスラム教圏にいるイスラム教徒がこのような状況に置かれているならば、ためらいなく食べるでしょう。その場合、他人の物を盗んだという後ろめたさすらありません。なぜなら、イスラム教の聖典『コーラン』の教えでは、自分が飢えていたり貧窮しているときは他人の物を勝手に口にしても罪にはあたらないとされているからです。

そういうイスラム教徒の考えと行動には、聖典に記されている言葉という確固とした根拠がいつもあります。したがって何をしたとしても彼ら自身が責任を負うことなく、聖典の言葉にしたがっただけだと弁明できる仕組みになっています。どんなことをしても責任転嫁《てんか》できるのです。

キリスト教徒もまた聖典である聖書の文言に自分の倫理観と行動規範の根拠を置くため、イスラム教とは逆に無断で食べるのは盗みという罪悪になるから他人の食糧に手を出すのをためらうことになるでしょう。

宗教ではなく、現行の法律を重視する人にしても、宗教の信者と同じような根拠を持っているものです。なぜなら、彼らは法律に触れるかどうか、世間一般の風潮に照らし合わせて自分の行動をコントロールするからです。その文化社会の伝統や慣習を行動倫理の基準としている人も同じです。

こういう人たちはみな、記録や記憶にある過去の例を絶対的な基準とみなし、いくらでもそれに沿うような形で現在の行動の選択をしています。宗教や伝統にこだわらないと自分で思っている人たちでさえ無自覚にそうしていて、気づくこともありません。

つまり、自分がどういう人間であるかはあらかじめ決められておらず、個々人は自分の行動の選択のたびに自分自身を決定づけていることになります。ここにこそ、サルトルが「人間はみずから創ったところのものになる」と主張するゆえんがあるわけです。

生まれつき残酷《ざんこく》な人間はいません。生まれつき善である人間もいません。残酷なことをするから残酷な人間になり、善行をするから善人になるのです。人間は、行動によって自分をそのつど創造しているのです。これが「実存」としての人間の姿なのです。

**自分の行動のこの自由には責任がつきまといます。**なぜならば、審判者から許可された自由ではないからです。自分がそのつど実存していくことの自由が、他の人々を不快にさせるかもしれません。敵対行為とみなされるかもしれません。反乱者とみなされるかもしれません。そうなった場合でも、自分の行動の責任は自分にしかないのです。

ここに人間のジレンマがあります。おとなしく古来の神だの宗教だの民族習慣だの世間の成り行きだのにしたがっていれば、それは本質以外のことをしない物と同じ存在です。物であるその状態から脱して人間らしく実存しようとすれば、無数の責任がともなう苦痛に甘んじなければなりません。責任のない安全な立ち位置などないのです。

こういった不安定で抜き差しならない状態に人間が置かれていることを、サルトルは「人間は自由という刑に処されている」と表現しました。私たちが人間である限り、この自由という刑から逃れることはできないというのです。

ところで、第二次世界大戦後の一九五〇年代から六〇年代までサルトルのこの実存主義が世界的に若者の間で流行しましたが、これは当時の若者たちがサルトルの『存在と無』を読んで内容をよく理解していたからではなく、むしろ誤解して自由の無制限な奔放《ほんぽう》さが赦《ゆる》されているかのように思い、そして無責任さに憧れ、放浪者（ヴァガボンド）的スタイルの生き方が認められたようにとらえたからでした。

## 意識が存在していないと思われるときこそ、意識は存在して働く

サルトルは事物を、「即自《そくじ》」（フランス語：en soi　ドイツ語：an sich ）と名づけます。そして人間を「対自《たいじ》」（フランス語：pour soi　ドイツ語：für sich）と名づけました。

なぜこのように名づけたかというと、関係の面から考察したからです。

事物を指す「即自」とは、「それ自体において存在している」という意味です。物は他の物とは関係しないからです。また、物はそれ自体以外の物ではありません。物は別の物になりえません。物はいつまでも物でしかないのです。

この「物は、それ自体以外の物ではない」という表現はなんだかおかしいと思われるでしょう。人間である自分だって自分以外のものではないはずだ、と考えがちだからです。

しかしサルトルは、人間は絶えず自分以外のものであろうとする存在だと考えたのです。なぜなら、物とは違って、人間には意識というものがあります。人間は意識を持った存在ですから、物や他の人間と自分自身との間に関係が生じます。したがって、「対自」

と呼ばれるのです。ここにある「対」とは、「自分自身に対する」という意味です。

そしてサルトルは、そもそもどんな人間にも備わっている意識の働き方自体が実存的性格そのものだと主張します。

では、意識とは何でしょうか。

私たちの意識は絶えず何かを追っています。何かを志向《しこう》していない漠然とした意識などありえません。そういう意味で、私たちの意識というのは生体的な感知装置のようなものではないと分かります。

もし、意識が脳の中にある特殊な感知装置みたいなものであったならば、装置の機能を働かせていないときがあるでしょう。その休止しているときの意識とはいったい何でしょう。私たちはそれを意識と呼んだりはしません。

意識は必ず何か対象を追っているときにこそ、意識と呼ばれる働きが見られます。

しかし、意識がなんらかの対象を追っているとき、意識はすべてその対象にのみ注がれていて、自分が対象を追っているという今の事態などまったく自覚していません。**言い換えれば、自分についての意識がまったく空白に、つまり無になっているからこそ、**

**意識はようやく十全に働くことができるのです。** 意識が働くとき、みずからを無にすることはどうしても不可欠なのです。意識が存在していないと思われるときにこそ、意識は存在して働くのです。

意識はまた、追っている対象以外のものを徹底的に無にします。そうしないと、対象を意識が追えなくなるからです。

## 新しい自分になるには、自分を無にしなければならない

無が必要なのは意識ばかりではありません。私たちが実存的に生きようとするときも、私たちは自分を無にしなければなりません。

たとえば、プロのサッカー選手になろうとしたとします。そのためには今から体力づくりやサッカーの基礎練習を始めることになります。この態度はついきのうまでのサッカーに無縁だった自分のありかたを否定し、新しい自分になろうとする行為です。サッカー選手になろうとする自分の姿は、これまでにはなかったものであり、ただ未来にだけ見えています。

**将来の自分の姿になるために今から生き方を変えていくというこのような姿勢を、サルトルは「投企《とうき》」（フランス語　projet：自分の前に投げ出す）と呼んでいます。**そして、実存的に生きるとは「投企しながら生きること」です。

新しい自分になろうとする投企は、今の練習や体力づくりに有意義な意味を与えることになります。若い人が何かに向かう姿がいきいきとするのは、自分の未来にとって充分に意味や価値があることをしているという喜びを感じているからです。

しかし、未来のあるべき姿、今の例でいえばプロのサッカー選手のことですが、その姿にはまだまだ距離があります。つまり、自分はまだアマチュアのサッカー選手ですらありません。時間が経てば必ずプロのサッカー選手になれるというわけでもありません。

今の段階で行っている基礎的練習は未来の姿にとって意味や価値はありえますが、未来の自分からすれば、今の自分自身は実はまだ何者でもないのです。

ですから、現在ここにあるのはただ空無だけです。無ではありますが、この無なくして投企というものはすべて成り立たなくなります。自分がどんな投企をするにしても、人間は当座の自分を無にし続けなければ投企は続かないことになるのです。

そういう投企を続け、そしていつの日にかプロに仲間入りできたとします。しかし、その時点で目指していた自分自身が完成して永遠に凍結されるわけではありません。

プロになったとしても、もっと強くなろう、レギュラー選手になろう、有名チームから買われるような世界的選手になろう、といった投企が続いていくことになります。つまり、その投企の間、現在の自分は絶え間なく無でいなければならないのです。

**これが、実存的な自由で生きることの縛りであり、いつまでも消えない不安であり、それゆえに人間に課された逃走不能の刑なのです。なぜならば、何かになろうとして生きること自体が終わりのない投企の連続だからです。**

こうして、実存的に生きている限り、人間には不断に無がつきまとうことになります。サルトルの『存在と無』というタイトルの「無」とは、この意味での「無」なのです。「存在」とはもちろん、物と人間のことを指します。

しかし、こういうふうに無につきまとわれた状態にあるからこそ、私たち人間は生きることに意味を見出すことができるのです。過去と現在の自分を常に乗り越え、新しい存在に向かうということにのみ生の意味が見出せるからです。

たとえば、こういう状況を思い描いてみればいいでしょう。自分は世界最大の金持ちで、世界のすべての物を買って自分の屋敷内に置いたとするのです。そのことによって、自分の人生が意味あるものばかりで充足するでしょうか。

そうではないはずです。というのも、自分が主体的にその中の何かに関わり、関わることで自分を新しく変えていこうとする行動によってのみ、意味と価値が初めてそこに生まれてくるからです。

なんらかの物がそこに存在しているというだけでは、意味も価値もありません。自分がそこに関わっているということが意味や価値を生み出します。それは当然ながら、自分にとっての意味と価値です。

しかし、行動として関わっているのだから、自分だけの意味と価値だけにとどまりません。なんらかの影響を他人へと及ぼしていくのは当たり前のことです。

それが総じて世界を変貌《へんぼう》させることになります。サルトルは『存在と無』の第三巻でこのように述べています。

「行動するとは、世界の相《そう》を変えることである」

したがって、あらかじめ人生や世界になんらかの意味がどこかに隠されているわけではありません。人生の意味などといったものはどこかにひっそりと埋められているわけではないのです。

しかし自分が人生や世界に関わるたびに、それなりの意味が生まれるのです。それは同時に、自分の選択によって意味を持って現れる人生や世界に責任があるということになります。

**実存的に生きることができるのは、何かになろうとしている人ばかりではありません。何かに苦しみ、この苦しみから脱出しようとしている人も実存的に生きているのです。**なぜなら、今の状況を否定し、未来に視線を投げ、未来にあるべき苦しみのない状況に意味と価値を見出そうとしているからです。

この場合もまた、現在の苦しみの状況を無にしようとし、まだ現実ではないから今は無でしかない未来の苦しみのない状況に向かうという姿が見られます。このように、苦しみから脱しようとする人も、実存して生きる人に特有の無を抱えているわけです。

これらの意味で、人間は無を世界に呼びこむ存在だとサルトルは考えたのです。

## 人間はどんな行動も自分で選んでいる

サルトルによる人間観の特徴は、「人間はみずからつくったところのものになる」ということです。

**これは、自分で意志した者になるという意味ではありません。みずから行動した通りの者になるということです。見分けがつきがたいこの二つのこと、欲望することと行動することはまったく異なります。**

それでもなお、私たちは、自分は行動する前に、行動が実現化された場合の結果をいろいろと予想してから行動に着手すると考えるものです。

あるいはまた、前例を参照し、あるいはなんらかの指針に沿って、もしくは倫理や法律に沿って、これまでの習慣に沿って、あるいは宗教や神の指図にしたがって行動しているはずだとも考えがちなのです。

しかし、それは素朴な錯覚でしょう。というのも、前例、法律、因習、神の言葉などに沿って慎重に行動したと自分では思っていても、実際には自分がたった一つの行動を、自分の責任で選ぶからです。それが神の命令だとされている場合でも。

この例としてサルトルは『実存主義とは何か』の中で、デンマークの哲学者キルケゴールが「アブラハムの不安」と呼んでいた旧約聖書に記されたエピソードを引いています。

信仰の篤かった族長アブラハムは、「おまえの息子イサクをモリヤの地で焼き尽くす生贄《いけにえ》とせよ」と神から言われた。アブラハムはその通りに息子を連れていき、息子を縛って薪《まき》の上にのせた。そして刃物でイサクを殺そうとした瞬間、天から天使の声が聞こえた。「その子に手を下すな。神のためにおまえが息子をもさえ惜しまないことがよくわかった」そしてアブラハムが顔を上げると、角を藪《やぶ》に引っかけている雄羊がいた。アブラハムはその羊をつかまえて、息子の代わりの神への捧げものとした。

宗教画の題材にもなっているこの有名なエピソードはもちろんキリスト教信者にもよく知られていて、神に対するアブラハムの堅い信仰を象徴するものとされています。

しかし、サルトルはこの話から実存的選択をする場合の不安と自己責任を読みとるのです。アブラハムは本当に神からの声を聞いたのでしょうか。神からの声を聞く人なら現代にもいます。しかしどのようにして、神の声だと証明できるのでしょうか。そういう人たちは、普通は精神を病んだ人たちです。

アブラハムは最初に聞いた声を神からのものだとして、胸を騒がせました。次に聞いた声は天使からのものだとしました。なぜ、砂漠に棲《す》む悪魔からの声だとしなかったのでしょうか。アブラハムに信仰があったからです。

その信仰は、アブラハム自身で決めたものです。また、天から響く声が誰からのものだと証明できないのに、神からだとか天使からだとか決めたのは誰でしょうか。アブラハム自身です。

**私たちも同じです。宗教の信条にそってとか、法律にのっとってとか、みんなと同じようにとか言い訳しますが、その行動をしたのは自分自身なのです。**何をどのように解釈したのか、それも自分自身なのです。そして自分がしたことこそ、自分をつくるのです。その行動は運命だったとするならば、それは逃げ口上《こうじょう》になります。

もちろん、アブラハムのように、私たちもまた行動の際には不安がつきまとうでしょう。しかし、その不安を抱えつつ、私たちはなんらかの行動をしなければなりません。サルトルはこう言います。

「不安は私たちを行動から遠ざけるカーテンではない。不安というものは、私たちが着手する行動の一部なのである」

本当に神のような者が存在していたほうが、私たちはむしろ生きやすいでしょう。盲目的に神の指示にしたがえばいいのですから、迷ったり、ためらったりしなくてすむはずです。

神でなくとも自分より上位の者に依存するほうが自分の負担は少なくなるだろうと思うからこそ、私たちは行動する前に誰かに助言してもらったりするのが現実です。その助言を参考にすれば、冷静で理性的な判断が下せるはずだと考えるからです。

しかし、そのような場合であっても、私たちは結局のところ自分一人で決断して行動することになります。なぜなら、助言者をみずから選んでいるからです。

誰を助言者として選べばどういう助言がなされるのか、私たちはあらかじめ知っています。私たちは自分では決めないふりをしながら自分をだまし、実は最初から自分で決断しているのです。さきほどのアブラハムの場合と同じです。

## 自分の行動の中にしか現実は存在しない

何か人格的なものとか法や制度などに理由や指針を見出す場合ではなく、単に情緒的《じょうしょ》な理由の場合でも、行動は情緒に責任転嫁《せきにんてんか》できません。

たとえば、「つい情熱に押されて突発的にその行動をしてしまった」というのは、決して事実を語っているわけではなく、情熱に責任転嫁した言い訳にすぎません。どういう情熱があったとしても、結果的にその行動をとったのは他ならぬ自分自身だからです。

いくら強い情熱や欲求があったとしても、他の行動をするという選択もいくらでもあったはずです。しかし、そういうふうに行動したのはまさしく自分自身であり、それゆえに自分がとるあらゆる行動の責任をとらなければならないのは自分なのです。

**感情や心情の動きがまずあって、行動がそれにともなっていくのではありません。順序が逆です。なんらかの感情をつくりあげるのは自分の行動なのです。**

ですから、みずから世話したり大事に扱うこともない遠隔地の他人に対して、とても愛しているという感情は生まれようもありません。愛する行動が具体的にあってから、愛の感情がつくられるからです。

あらためて理解されるべきことは、私たち一人ひとりの行動の中にしか現実は存在しえないということです。

いくらたくさんの現実、ありえる可能性を持った事柄を夢想したところで、それは現実ではありません。すばらしく見える夢想を選択して酔ってみたところで、それは現実の選択ではありません。現実というものは、私たちが実際に行ったもののみで構成されているのです。

たとえば、生まれがよくなかったから、時代的に条件が揃《そろ》っていなかったから、という理由で自分の望みを達成できなかったと嘆く人がいます。彼らは、環境や時代が自分にとって悪かったから芸術家になれなかったと言うのです。

それは自分自身に対する嘘や詭弁《きべん》にすぎません。条件が揃っているから自分の行動ができるのではありません。投企し行動するのはいつも自分でしかないからです。

ゴッホが画家であるのは、彼が絵を描くという行動をしたからです。絵を描きたいと思

人間はみずからつくったところのものになる

いつつ今日や明日を腹いっぱい食べたいがために他の仕事をしていたならば、ゴッホは画家になれなかったのです。

したがって、行動とは創造です。現実の自分をつくりあげる創造です。

才能があるからすばらしい絵を描けるのではありません。絵がすばらしいかどうかは、あとからの判断にすぎません。ピカソが彼自身の全体を投企して描いたからこそ、ピカソ自身である絵ができあがったのです。ピカソは不断に投企し続けた人なのです。

**希望は投企の中にしかありません。画家の例でいえば、絵を描きたいという希望を抱きながら他の仕事をしているならば、その希望は実りません。だから、自分を生かしたいならば現実に投企する行動をしなければならないのです。**

ところで、投企しないで生きることは可能でしょうか。まったく不可能です。投企しない毎日を送っているように見えていたとしても、雑多で瑣末《さまつ》なことを投企しているのが普通です。それは自分自身を賭けて真っ向から投企している他人からしたら、ずいぶんと消極的な生き方に見えるでしょう。

もし、もっと消極的に、投企しない、行動もしないという生き方をしていれば、それは何も選択しない生き方になるのでしょうか。そんなことはありません。選択しない、行動しない、ということもまた一つのれっきとした選択になるからです。

その典型例としては、自分の近くで悪事が行われていても見て見ぬふりをするということがあります。

関わりたくないという理由があろうとも、それは悪事への加担と同じことです。それが積み重なれば、街は悪事に満ちた場所になっていきます。

というのも、私たち個人一人ひとりのふるまいは、それ自体で普遍的な道徳として行われるからです。自分が何を選ぶか、どう行動するかは、他の人にもその選択と行動を赦すということを意味するからです。

**自分の行いが現実的な倫理を創造しているのです。だからこそ、私たちの選択と行動に私たちは責任を負わなければならないのです。**自分の選択と行動が何か特別な規範に沿ってさえいればよしというわけではありません。その選択と行動が、他の人がしても肯定できるものでなければならないのです。

自分だけ自由で、他人は不自由にというのはありえません。自分が自由ならば、他人もまた自由でなければなりません。その意味で、実存主義は行動の教義であり、一種のヒューマニズムなのです。

## もうひとりの著者からの質問〈冀剣制〉

サルトルは、人生はこの世界と関連しているから意義があると考えています。一人ひとり違う人がそれぞれ、この世界と違う関連性を持っているわけですが、それによって、それぞれ違う人生の意義が生まれるのでしょうか？　それぞれ違う人生の意義の中に、何かの共通点があるのでしょうか？

## 回答〈白取春彦〉

それぞれの人がそれぞれの形でこの世界に関わり、生きています。そのことは同時に、自分を創造し、世界を創造することにほかなりません。

そして、それぞれの生き方が何の関連もないということはありえません。なぜならば、他人の生き方は多かれ少なかれ自分の生き方になんらかの影響をおよぼしてくるからです。

つまり、自立した生き方をする人が多くなれば、それは別の人にも影響をおよぼし、全体として以前よりはよい世界を創造することにつながってくると思われます。

# あとがき

冀剣制

以前、あるラジオ番組のインタビューで司会者に「あなたが最も影響を受けた哲学者、あるいは哲学理論は？」と尋ねられたことがあります。

この質問は、一瞬にして私をタイムマシンに乗せました。初めて哲学に触れた十五歳の頃に舞い戻り、光と影がかすめる中を数十年後の現在に戻ってきたのです。記憶は雲の切れ端のように満天に散らばり、隔世の感を禁じえません。

答えに窮した私は、深く息を吸い込みました。この質問はまるで「青春時代のどの瞬間が最も輝いていましたか？」とか「人として最も価値のある成長を果たしたのはいつですか？」と尋ねられているようなものです。私は首を振り、ため息交じりにこう答えました。「選ぶことはできません」

十五歳のときに『かもめのジョナサン』を読んだ私は、いわゆる「人生の限界」に心を奪われ、すべての障壁を乗り越え不可能を可能にすることを幻想していました。その頃の私は哲学に多大な幻想を抱いており、人生には無限の可能性があると思っていました。しかし知識の増加に伴い、現実に屈服し、情理にそぐわない幻想を抱くことは少なくなりました。

十八歳を前にして、論理誤謬の理論と存在主義の生命観を学び、論理的思考と虚無的な人生観の趣に興味を持ち始めました。一見、両者には大きな違いがあるように思えますが、討議の議題が異なるため、実はただちに衝突することはありません。しかもあらゆる思想を完全に理解する力がなければ、理論の背景にある一部の基本的原則が衝突することはあっても、まったく相容れないという感覚もありません。

そして大学の哲学科の受験準備のため、初めて「唯心論」を学びました。この理論は、世界のあらゆる物質はすべて幻で、心だけが本当に存在していると主張しているのですが、実に衝撃的でした。世界に対して、これまでとはまったく違う想像力を掻き立てられ、興奮のあまり何日も眠れなかったほどです。


もちろんいまとなってはそれがどういう気持ちだったのか想像することは難しくなりました。すでに各種さまざまな世界観に慣れてしまったからです。とはいえ再び新しい世界観を知ったときは興奮を覚えるかもしれませんが、その度合いは当初のそれには及びません。当時は、初めて知恵の眼が開いたことで、完全に異なる角度から世界を両手で抱いたのだと思います。

哲学科に進学してからは、あらゆる理論と、哲学者たちの彩り豊かで素晴らしい人生経験が、私にさまざまな衝撃をもたらし、新たな視界を広げさせ、味わったことのない感情を抱かせました。こうして私は哲学の世界の中で成長していったのです。

確か大学二年生の時、先輩と『論語』について語り合っていた私が「感動で涙が出る文章がある」と言ったことが、なぜかあっという間に噂となって広まりました。そして先輩たちが、『論語』に感動する変人はどんな奴だと、私の顔を見にきたものです。

「それって変なの？」と、私は釈然としませんでした。孔子を聖人としてではなく、血も涙もあり、情熱的な時もあれば落ち込む時もある近所のおじさんとして『論語』を読めば、そこに書いてある真心に感動するはずなのです。

とはいえ、当時の感情の細部はすでに記憶のかなたです。

本書は、数名の哲学者たちの思想をヒントに、ここ数年で悟った知識を中心に執筆しました。もはや初めて哲学に衝撃を受けたあの年代には戻るすべはありませんし、当時の考えなど浅はかで紹介するまでもないことは明らかです。

また、ここに書き記した内容は、すべてが哲学者の思想に当てはまるというわけではなく、多かれ少なかれ私個人の悟りや解釈が入り混じっています。そして私がこの本で紹介したかったのも、実はそういう悟りです。私を成長させてくれたそれらの知恵が、みなさんのお役に立つことを願っています。

本書は、他に類を見ない国際的な企画です。執筆の過程では、新鮮で興味深い経験がいくつもあり、少なくとも私にとっては実にすばらしい試みでした。この特別な企画に参加するチャンスを与えてくれたことと、この企画のためにご苦労を重ねられた双方の編集者に心から感謝します。また白取先生のご教示に対しても厚く謝意を表します。それぞれの努力が実を結び、本書が無事完成しますように。謝謝！

華梵大学薈萃楼にて

# 世界の哲学者に学ぶ　人生の教室

発行日　2019年　1月30日　第1刷
　　　　2019年　3月15日　第2刷

Author　白取春彦　冀剣制

Translator　須田友喜（冀剣制執筆部分）
Illustrator　若田紗希
Book Designer　西垂水敦・遠藤瞳（krran）

Publication　株式会社ディスカヴァー・トゥエンティワン
〒102-0093　東京都千代田区平河町2-16-1 平河町森タワー11F
TEL　03-3237-8321（代表）　03-3237-8345（営業）
FAX　03-3237-8323
http://www.d21.co.jp

Publisher　干場弓子
Editor　藤田浩芳

Marketing Group
Staff　清水達也　小田孝文　井筒浩　千葉潤子　飯田智樹　佐藤昌幸
谷口奈緒美　古矢薫　蛯原昇　安永智洋　鍋田匠伴　榊原僚
佐竹祐哉　廣内悠理　梅本翔太　田中姫菜　橋本莉奈　川島理
庄司知世　谷中卓　小木曽礼丈　越野志絵良　佐々木玲奈　高橋雛乃

Productive Group
Staff　千葉正幸　原典宏　林秀樹　三谷祐一　大山聡子　大竹朝子　堀部直人
林拓馬　松石悠　木下智尋　渡辺基志

Digital Group
Staff　伊藤光太郎　西川なつか　伊東佑真　牧野類　倉田華
高良彰子　佐藤淳基　岡本典子　三輪真也　榎本貴子

Global & Public Relations Group
Staff　郭迪　田中亜紀　杉田彰子　奥田千晶　連苑如　施華琴

Operations & Management & Accounting Group
Staff　松原史与志　中澤泰宏　小関勝則　山中麻吏　小田木もも　池田望
福永友紀

Assistant Staff　俵敬子　町田加奈子　丸山香織　井澤徳子　藤井多穂子　藤井かおり
葛目美枝子　伊藤香　鈴木洋子　石橋佐知子　伊藤由美　畑野衣見
井上竜之介　斎藤悠人　宮崎陽子　並木楓　三角真穂

Proofreader　文字工房燦光
DTP　朝日メディアインターナショナル株式会社
Printing　三省堂印刷株式会社



ISBN978-4-7993-2401-1